Gewidmet den wunderschönen Abenden auf der Bühne mit KNOPFKINO und unserem Pianisten und Freund Friedwart Goebels.

Und dem Publikum, das sich jedes mal aufs neue mit uns auf die Reise macht.

Inhalt

1
Geschenkte Fahrt

Geschenkte Fahrt

Flirrende Lichtschatten, als Wasserzeichen verschwimmender Blick, ins Leere gerichtet. Flackerndes Kino aus Bildern und Nebengeräuschen. Untermalung, Pausenbild, Ankerpunkt der Gedanken. Das weiße Rauschen der längeren Zugfahrt, die scheinbar sicher und zeitlos ruhend einem genau gedachten Plan folgt. Wir sind oft inmitten dieses Wurmlochs, wir Vielfahrer, zwischen unseren Tätigkeiten und Aufgaben.

So auch er. Im Gepäck ein Gutschein für die Liebste. Einiges an Mühe hatte er ihn gekostet, und über die Kosten wollte er und musste er zum Glück zumindest im Moment nicht nachgedacht haben.

Ist das noch Denken?

Wer auswärts arbeitet, ist viel unterwegs. Nach den vielen Jahren ist die Gewohnheit, dann und wann einmal ein Geschenk mitzubringen, nicht eben einfacher aufrecht zu erhalten. Aber sie steht dennoch, wie der Fahrplan der Bahn. Auf dem Papier, dem liebevoll gemusterten Geschenkpapier. Das Leben, ein kostbares Geschenk, egal, wie oft man verpasst, es auszupacken.

„Aufgrund einer Signalstörung kann es zu Verzögerungen auf der Strecke kommen. Wir werden in Kürze die Fahrt fortsetzen." Nur, wer es eilig hat und auf Anschluss aus ist, fühlt sich wirklich ausgebremst von dieser scheinbar präzisen Durchsage des Bahnpersonals. Der professionelle Ton verschleiert nur notdürftig, dass der Fahrplan in der Praxis nur eine Idee ist, ein zugegebenermaßen ernst gemeinter Orientierungsversuch.

Das Paket befand sich im Rucksack, der auf der Gepäckablage über ihm lag. Oben, auf der gebrauchten Wäsche, gestützt vom Aktenordner sicher verstaut. In welcher Schublade, welcher Verpackung er sich selbst befand, war ihm zunehmend unklar gewesen. Dass es überhaupt so mühsam sein konnte, ein Geschenk auszusuchen.

Nachts, im Hotelbett, war die Lage eindeutiger. Vor dem Einschlafen dachte er an die zu streichenden Wände, zu dübelnden Regale, aufzuhängenden Bilder. Aber zwischen dieser Zeit und dem zu früh vom Wecker erpressten Aufstehen zum ersten Meeting, hatte er geträumt.

Das Meeting fand darin an einem See statt.

Zwei ihm unbekannte Kolleginnen lagen knapp bekleidet neben ihm auf einem schmalen Steg. Alles lief geschäftsmäßig und nüchtern ab, während er ihre Körperwärme wohlig und sehr deutlich zu spüren begann. Der Vernunft gehorchend hatte er

mit einiger Mühe seine Erektion zu unterdrücken versucht, was ob des sehr nahen Schenkels der links von ihm liegenden Frau eine kaum zu meisternde Herausforderung darstellte. Am Vorabend hatte er einer seiner Kolleginnen vorgeschwärmt, wie schön es mit Sanne jetzt sei, in dem neuen Haus. Dass er zwar die Frauen sehen würde in ihrer Schönheit, er sei ja schließlich ein Mann. Aber immer, wenn es zur Sache hätte gehen können, sei er sofort raus aus dem Spiel, ganz automatisch. So etwas würde er gar nicht ausstrahlen. Ein natürlicher und automatischer Vorgang, er müsse sich nicht einmal bremsen. Er sei wohl glücklich, hatte die Kollegin ihm geantwortet.

„Ist da noch frei?" Eine warme Frauenstimme riss ihn aus seinen Gedanken, während der Zug langsam wieder Fahrt aufnahm. Vor seiner rechten Gesichtshälfte sah er ein Knie, das sich nur sehr knapp gebeugt unter dem weich fallenden Stoffkleid zeigte. Ein Sommerkleid im April ist an sich schon Überraschung genug, mindestens ebenso überraschend war, was er so unverhohlen weiter aus dem Augenwinkel bis auf ihre Fessel sah, die sich strumpflos in einem feinen blauen Damenlederschuh mit Absätzen wieder fand. Dass sie sich nicht etwa übermäßig angestarrt gefühlt hatte, mag an dem Geschenk gelegen haben, welches sich auf ihren Oberschenkeln befand. Vielleicht auch an ihrem ausgepackten Gemüt, welches offen und freundlich durch ihre Augen die seinen begrüßte, als sei es etwas ganz Normales und Vertrautes. So wünschten sich Personalchefs ihre Mitarbeitergespräche, auch wenn es nur rein formal und äußerlich möglich wäre, egal, wie wenig zum Kotzen sie an guten Tagen sein konnten. Dann aber wieder der Duft, der ihn stärker traf, als ihm lieb war.

Das wäre mal ein Regal, ihr Schuhregal. Diese selbstbewusste Größe, all diese dankbaren und glücklichen Schuhe, von denen jeder aussah wie exakt einmal getragen.

„Geburtstag?" „Ja", antwortete sie, „aber nicht mein eigener".
Durchsage „Aufgrund einer Signalstörung hat unser Zeug eine
Verspätung von etwa zwanzig Minuten". Er fühlte sich ertappt.
Das erträumte Regal wackelte, schwankte und füllte sich zusehends mit Unrat. Gewiss wird sie erwartet von einem Mann,
der bereits das Haus fertig eingerichtet hat. Eine derartige Frau
kann nur schwanger sein, so fruchtig und so blühend. Wieso
dachte er das: Wieder fahren und nach links schauen. Als die
Durchsage in rudimentärem Englisch wiederholt worden war,
stand er auf, um seinen Rucksack von der Ablage zu holen.

„Darf ich?" Sie hatte wohl gedacht, er hätte zur Toilette gehen
wollen, aber er wollte nur prüfen, ob das Geschenk noch sicher
und gerade im Rucksack lag.

Sie war höflicherweise aufgestanden, und im Hinsetzen streifte nun er unwillkürlich mit seiner Schulter ihren Rücken. Seine Reaktion war auch unwillkürlich, aber heftig, so dass ihm ein etwas zu schnelles und lautes Entschuldigen entfuhr. Sein fliehender Blick beruhigte sich aber schnell an ihrem ruhigen und sicheren. „Geburtstag?" Er verstand erst nicht. „Nein, erst im Juli". „Jetzt meine ich aber das Geschenk".
Sie lachte, und er lächelte kurz. Sie zeigte auf seinen Rucksack. Im Hinsetzen war die Verpackung zerknickt worden und sah nur noch halb so freundlich und liebevoll aus, wie sie einmal her gerichtet worden war. Sie sprach weiter in diesem für ihn sonderbaren Ton mit ihm, als würden sie sich schon lange kennen. „Wie schön eingepackt. Sie müssen sie sehr gern haben."

Er wollte schon zu seiner gewohnten Erzählung ansetzen, der, die er erst gestern Abend der Kollegin hatte zukommen lassen. Dass er lange und glücklich mit Sanne zusammen sei. Aber der Reflex wollte sich nicht so recht einstellen. Er blieb stumm. Es war ihm auf einmal lieber, offen zu halten, ob er mit einer Frau zusammen leben würde, ob in einem Haus oder nicht, ob mit oder ohne Kind. Stattdessen brach er mit einer weiteren Gewohnheit in Anwesenheit dieser Frau. Er redete, bevor er nachgedacht hatte.

„Sie müssen sich sehr auf Ihr Kind freuen, und das Kind bestimmt auf Sie." Ihre Züge verirrten sich, das Lächeln verlor sich in einem Blick nach innen. Schlagartig fiel ihr Blick auf das Paket.

Ältere, etwas hektische Fahrgäste drängten sich an ihr vorbei, spürten dabei aber offensichtlich nichts. Sie hatten mit sich zu tun, unsicher, ob sie ihrem Bedürfnis nachgeben sollten, nicht mehr anständig im überfüllten Mittelgang des Waggons zu warten, sondern vielmehr zum Ziel ihres reservierten Platzes hin zu explodieren, zumindest zu drängen und zu schubsen.

Er hatte einen Kloß im Hals. Fühlte sich merkwürdig unwohl und ertappt. Was soll schon passieren, vielleicht ist sie gar nicht schwanger, na und? Soll sich doch einfach umsetzen. Warum sagt sie nichts?

Er würde Sanne nichts erzählen von dieser merkwürdigen Begegnung. Er schämte sich. Dann nahm die Frau seine Hand. Er befürchtete, dass seine Hand schwitzen würde. Dabei war sie extrem trocken, wie eine Wüste. Genau wie seine Kehle. Er konnte nichts sagen.

„Ich weiß, dass er sich Mühe gegeben hat. Das Paket ist so schön. Schauen sie mal, die Verpackung. Aber seitdem er es weiß mit dem Kleinen, ist es nicht mehr das selbe. Er bemüht sich ständig, liebevoll zu sein. Dabei weiß ich doch, dass er kein Kind wollte und keines will." „Das tut mir leid". Seine eigene Stimme klang ihm fremd, wie ihm die gesamte Situation mehr als fremd war.

In seiner Verzweiflung hielt er sich an den Verkäufer mit dem Servierwagen, dem er zwei Becher Kaffee abkaufte mit jeweils der maximalen Menge an Milch und Zucker. Nur selber keine Fragen stellen müssen. Aber anstatt dem mit reichlich Trinkgeld erkauften Heißgetränk Aufmerksamkeit zu schenken, legte sie ihren Kopf an seine Schulter und fing leise an zu weinen, einerseits. Er wünschte sich, augenblicklich Sanne anrufen zu können, ihre Stimme zu hören, mit ihr diesen Kaffee zu trinken und mit ihr über alles zu lachen. Die erotische Spannung war

nur fast ganz verschwunden, idiotischerweise hielt sich ein winziger Rest davon, was die ganze Sache für ihn umso schmerzhafter machte. Jetzt war das Kind ohnehin in den Brunnen gefallen. Der nächste Halt wurde durchgegeben in den üblichen zwei Sprachen. Frankfurt, International Airport, five minutes delay. For connecting trains please ask bla bla bla.

„Ich muss da raus." In seiner Fantasie entspann sich eine dämliche Geschichte, die direkt aus seinen Träumen gekommen sein musste. Eine Nacht im Flughafenhotel. Ein komplett anderes Leben. Kindererziehung. Nein, bloß kein offenen Auges geplantes Patchwork, oder?

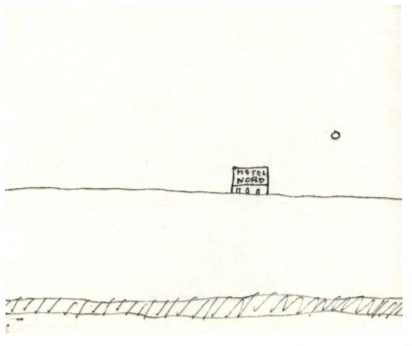

Er beschloss, es lieber mit der Wahrheit zu versuchen. Er erzählte von seinen eigenen Mühen. Von der Schwierigkeit, ein Geschenk auszusuchen nach so vielen Jahren erfüllter Beziehung. Von seinem Traum. Na gut, die Oberschenkel ließ er aus, aber es reichte aus, dass sie ihn verstehen konnte.

Er selbst wusste nicht, ob das richtig war oder falsch, so kurz vor Frankfurt International Airport alles auf den Tisch zu legen. Doch nun löste sich immerhin sein Kloß im Hals. Es tat ihm sogar gut, geredet zu haben. Für einen kurzen Moment brüteten beide über ihren Geschenken. Dann fingen sie an, sich gegenseitig zu betrachten. Aus dem ehemals Unterdrückten wurde etwas wie ein Schlucken erst, dann noch einmal. Er dachte zunächst, er hätte aufstoßen müssen. Aber als er sie ansah, wusste er, dass es ein Lachen gewesen sein musste.
Dann sogar ein Lächeln.

Wie albern sie aussahen, sich umarmend, jeder mit einem Geschenk auf dem Schoß. Er gab ihr ein Taschentuch. Die Eile machte nun alles schnell und klar und deutlich. Sie küssten sich herzlich und hielten kurz inne. Dann tauschten sie die Pakete. Am Bahnhof angekommen, ließ sie sich geduldig von den drängenden Rentnern aus der Tür schieben, blieb noch einmal vor seinem Fenster stehen. Ihr gegenseitiges Zutrauen und das zu den Paketen war nun ansteckend. Beide lächelten. Sie winkte kurz, und der Zug fuhr an.

Er war ruhig. So ruhig, wie er schon lange nicht mehr gewesen war. Sein Aktenordner war bei der schnellen Tauschaktion durcheinander geraten. Einzelne Blätter waren geknickt, einige lagen sogar auf dem leeren Sitz neben ihm.

Er sammelte sie ein und ließ sie in loser Reihenfolge im Ordner verschwinden, der wieder seinen Platz neben der gebrauchten Wäsche einnahm. Der Sitz zu seiner Rechten gab seine Restwärme ab, während er seinen Rucksack darauf stellte. Auf seinem Schoß hatte er das Geschenk. Träume oder Realität, Bemühtheit oder Leichtigkeit, wichtig oder unwichtig, Hotel oder Eigenheim. Er fühlte ein grenzenloses Vertrauen in den Mann der Fremden.

„Du schaffst das, Romeo. Am Ende schaffen wir es alle." Was wohl in dem Geschenk drin war? Er freute sich jetzt schon auf Sannes Gesicht.

2
Frauen

Frauen

Na gut, dann vielleicht Raufbolde oder sowas. Klingt komisch, ja, aber wie nennt sich das sonst, sich erst eben noch was ins Gesicht hauen, und dann lachend bester Laune nach Hause gehen. Eins waren sie aber bestimmt immer gewesen: Freunde. Tagsüber waren sie meistens müde, aber abends wurden sie wach. Keine Ecke und kein Bürgersteig, an dem Jan und Jörg nicht einer Frau nachgepfiffen oder mit einer Flasche oder zwei der Nase nach Freundschaft getrunken hätten. Die Väter hatten es so gemacht mit ihren Kumpels, wahrscheinlich auch die Großväter. Über die sie kaum etwas wussten, und von denen sie auch gar nichts wissen wollten.

Morgens hatten sie oft große Mühe, ihre Kräfte verbrauchten sie vollends auf den abendlichen Touren in dem kleinen Ort. In den letzten Jahren manchmal ohnmächtiger und grell lauter, aber meistens doch noch echt einfach lustig. Die Tage waren dazu da, Energie und Sehnsucht zu sammeln für die Nächte.

Ihre Nacht lag zu Füßen des günstigen Weinsteingebirges, glitzerte und schillerte, und das bei weitem nicht nur durch das Gesaufe.

„Drauf Geschissen", hieß es am Morgen, und dann ging es zum Bürgeramt. Sie hatten den Park gereinigt, die Bushaltestelle am Zubringer gebaut. Die Katze von Frau Bahnsen aus dem Baum geholt, weil die Feuerwehr sich weigerte, für ihre Rettung extra aus der Stadt auszurücken.

Bei Licht betrachtet und im Nachhinein hätte Lydia nicht unbedingt zu kommen brauchen. Zu viel hatte sie durcheinander gebracht durch ihren Einzug ins Gästehaus am Gemeindeplatz. Für gutes schwarzes Geld hatten sie binnen einer Woche die Wände tapeziert, neues Laminat verlegt, weiße Möbel von IKEA gekauft und einen Spiegelschrank im Bad auf halber Treppe angebracht.

„Schwul oder schön", so hatte Jan es ausgedrückt, würde die Person sein, die hier einziehen würde. Sie war schön. Sehr schön war sie, vor allem für hiesige Verhältnisse. Verwaltungsfachangestellte. Die einzige Disko befand sich zwei Ortschaften weiter. Dort war sie ihnen sofort aufgefallen. So bewegte sich nur eine, die nicht von hier war und noch nicht gebraucht, wie Jörg es nannte.

Gar nicht mal so jung, aber schulterlanges, braunes Haar. Was hier so jemand will, wollte sich ihnen nicht recht erschließen. Vielleicht Zwangsversetzung. Sie beschlossen jeder für sich und heimlich voreinander, ihr die Zeit hier zum Bleiben schmackhaft zu machen.

Jan und Jörg schoben dem Anderen die jeweils besten Chancen unter: „Geh da mal hin, mein Freund. Das Getreide ist reif". Reif für was? Die von Lydia eigens mitgebrachten Gardinen betrachteten sie zunächst nur von außen und nicht gemeinsam. Jan noch vor dem Frühstück, Jörg während ihrer Mittagspause. Roter Tüll, so orientalisches Plastikzeugs, wie im Puff, nur seriös und geil.

In der Disko trafen sie sie noch zwei oder dreimal, grüßten sie aber eher beiläufig. Auch um keinen Verdacht zu erregen. Als Verwaltungsfachangestellte erteilte sie zudem die Aufträge für die beiden Gemeindearbeiter, und das war ja wohl eine viel bessere Gelegenheit, um sich als Gelegenheit ins Spiel zu bringen.

Na ja, sie wuschen und rasierten sich zur Sicherheit mal häufiger, kauften unabhängig voneinander bei Annelie Rasch Moden neue Hosen und Jörg sogar ein Hemd. Sie bemerkten erst am Rande der Personalratsversammlung, dass der Freund auch einkaufen gewesen war.

„Sollst Du noch zur Konfirmation?" „Nee, Beerdigung, wegen dummer Fragen erstickt. Prost". Es wollte kein rechter Zug in die Flaschen kommen. Vielmehr sahen sie sich unbehaglich wartend um.

20 vor Acht. Irgendwie hatten sie sich heute nichts zu sagen, und das lag nicht nur am dienstlichen Anlass. Kurz vor Acht, eine gefühlte Ewigkeit später, kam Lydia Petersen an.

Anwesend waren neben dem Bürgermeister die Mitarbeiter der Straßenmeisterei, die Gemeindevertreter, der Interessensverband, die Kreistagsabgeordnete und der Mann von der Zeitung, die hier mangels Alternativen jeder las.

Lydia wurde zu ihrer eigenen Überraschung zum Personalrat gewählt.

Einstimmig.

So richtig war Jörg es, der damit anfing. Er stand früh auf, begann eine halbe Stunde vor der Zeit damit, seinen Tätigkeiten nachzugehen. Er säuberte das schöne, hölzerne Schild vom Fremdenverkehrsverein, jätete Unkraut auf der Verkehrsinsel in der Ortsmitte und pfiff bei der Arbeit schon früh morgens einen aktuellen Schlager. Er hörte erst zu pfeifen auf, als Jan seine Einladung zur nächtlichen Tour ablehnte. Jan meinte, er hätte schon einen Termin und müsse daher früher Schluss machen.

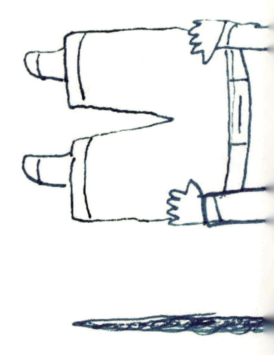

Jörg freute sich im Stillen, ebenfalls früher die Arbeit beenden zu können, denn er hatte sich vorgenommen, bei Lydia zu klingeln. Es war ihm unwohl dabei, zumal er Jan noch nie über einen Spruch oder zumindest einen Abend hinaus derart verarscht hatte.

Schlimmstenfalls würde er auf die Nase bekommen, und das wäre dann ja verdient und auch nicht das erste Mal gewesen. Ein Unbehagen blieb dennoch, als er die Treppe zu Lydias Zimmer empor stieg. Zum Personalratsgespräch unter vier Augen. Aus persönlichem Anlass.

Wer besoffen ist, sollte nicht fahren. Egal, wovon er besoffen ist. Erst recht, wenn es in ungeahnte Höhen geht, über spekulative Serpentinen und durch Hochnebel, die den Durchblick verhindern. Jörg aber gab Vollgas. Die Höhensonne blendete ihn, eine Hitze hatte sich seiner bemächtigt, die er nur von seinen nächtlichen Streifzügen her kannte. Aber es war helllichter Tag, und was hätte anderes herauskommen können als das, was heraus kam. Zumal Jan, ohne es zu ahnen, den Gegenverkehr bildete. Jörg fühlte sein Gewicht kaum, so leicht trägt es einen dann aus der Kurve. Er schwebte in das frisch renovierte Zimmer ein, das eine gemütliche Sitzecke aus Rattanmöbeln erhalten hatte. Das zugesagte Vieraugengespräch, in dem sich die immer noch etwas überraschte Lydia am Rande für das durch die Wahl zum Personalrat entgegengebrachte Vertrauen bedanken wollte.

Sie war der Berg in seiner gewaltigen Natur und er das Auto, das Rasen. Es fing damit an, dass er ihr ausführte, wie gern er für die Gemeinde arbeiten würde. Er zählte seine Aktivitäten der letzten Wochen auf, sang ein Lied von Anstand und Zuverlässigkeit. Sie schrieb mit ihrem Kugelschreiber mit, notierte Wörter auf einem kleinen Notizblock, der auf ihren übereinander geschlagenen Knien lag. Er meinte, das Rascheln der Strümpfe zu hören und den Duft ihrer Kniekehlen riechen zu können.

Er redete so sprudelnd, als wäre es nachts, wobei er tagsüber doch eigentlich eher schweigsam war.

Irgendwann versagten dazu seine Bremsen endgültig, so ganz ohne den Schutz der Nacht. Er erzählte von Jans Motivationsmangel und den Gründen dafür. Sprach von einem Alkoholproblem. Dass er selbst für zwei arbeiten müsse, aber seit jeher nur bezahlt werden würde wie eine halbe Portion. Es schien ihm, als wäre Lydia besonders interessiert an seinen halbherzigen Versuchen, Jan zu rechtfertigen und ihm Hilfe zukommen lassen zu wollen. Er dachte, dass er die Katze jetzt im Sack hätte.

Er sah sich selbst längst nur noch aus der Vogelperspektive, war besoffen vom süßen Rauch der eigenen Worte und den erträumten Möglichkeiten jenseits des roten Vorhangs. Die Frauen sind so leicht zu beeindrucken, dachte er. Erzählte von Jans unehelichem Kind, das es in seiner Fantasie fast so deutlich gab, als gäbe es wirklich eines. Er erzählte von Suff und Schlägereien, während ihm selbst zusehends der Kamm schwoll.

Er wusste nicht, wie lange er geredet hatte, als es zum ersten Mal an der Tür klopfte. Jörg fühlte sich ertappt, aber er konnte sich beherrschen. Musste sich beherrschen, auch weil es nun kein Zurück mehr für ihn gab.

Lydia fragte ihn, ob er fertig sei, oder ob er noch mehr Zeit brauchen, sich ausreichend angehört fühlen würde. Jörg nickte kurz. Lydia hielt inne und fragte ihn, was er sich nun von ihr als frisch gebackener Personalratsvorsitzender wünschen würde. Jörg überlegte und wusste nicht recht, was er antworten sollte, auch weil sein Kopf voller sich überschlagender, neuer Möglichleiten war.

„Das ist doch Ihre Sache jetzt, oder? Außerdem hat einer geklopft." „Es ist Ihre Zeit, und ich möchte auf Ihre Ausführungen angemessen reagieren können."

Jörg dachte noch einmal kurz nach. „Danke." Er entschied sich für die Flucht nach vorn.

„Danke. Wenn Sie mal was kaputt haben, kann ich auch gern mal nachhelfen. Das macht sogar richtig Spaß."

Stille. Lydia sah zuerst verwundert, dann mit erhobenen Augenbrauen zu ihm herüber.

Jörg wäre fast gestorben vor Aufregung.

„Wollen Sie nicht nachsehen, wer klopft?"

Bevor sie zur Tür ging, antwortete sie mit gedämpfter Stimme: „Ich glaube, nun ist es wirklich Zeit für ein Vier-Augen-Gespräch". Jörg fühlte, wie das Blut gleichzeitig an sehr unangenehmen und an sehr angenehmen Stellen zu pochen begann. Er war nicht sicher, ob er das jetzt hinkriegen könnte, aber er fühlte sich fest entschlossen, es auszuprobieren. Da kam eine Siegesgewissheit über ihn, die er schon lange nicht mehr gespürt hatte. Vielleicht, als er den Führerschein geschafft hatte, oder als sie Kreismeister geworden waren. Er stellte sich vor, wie er den roten Vorhang schließen würde, das Licht im ganzen Raum rot werden würde und dann die Strümpfe. Er bemerkte erst allmählich, dass Lydia inzwischen die Tür geöffnet hatte.

In der Tür stand Jan.

In der Hand hatte er zwei Vogelhäuser der Gemeinde, die merkwürdig verziert waren. Er hatte die Dächer rot angestrichen und auf jeder Seite Herzen eingesägt.

„Moin Lydia, damit die Katze die Vögel nicht wieder weg schleckert, ne."

Jörg traf der Schlag. „Jan?"

Jan traf der Schlag „Jörg?"

Danach sprach Lydia.

„Wenn ich die beiden Kater nun bitten darf, ihre Revierkämpfe zurück in den privaten Bereich zu führen? Sollten Sie vorhaben, sich die Ohren zu zerfetzen, verlange ich, dass Sie das draußen erledigen. Grund hätten Sie beide ja reichlich, so wie Sie sich hier nacheinander übereinander geäußert haben. Wein kann ich Ihnen ja wohl nicht anbieten bei Jans Alkoholproblemen und Jörgs ansteckender Krankheit. Aber es wird Ihnen sicher gut tun, sich hier in Ruhe bei einem Glas Leitungswasser über Ihre unehelichen Kinder und Vergewaltigungsversuche auszutauschen und alle Schuldgefühle von der Seele zu reden. Unter Freunden."

Jan hustete, und Jörg schaute auf den Boden, als sie weiter auf sie einredete.

„Die roten Vogelhäuschen können doch bitte auf der neuerdings vorzüglich verzierten Verkehrsinsel stehen, was dem Tourismus hier sicherlich besser täte als den armen Vögeln, Gott bewahre. Apropos fliegen, ich bitte Sie, bis spätestens um 20 Uhr die Fliege zu machen. Ich erwarte nämlich Besuch."

Sie öffnete die Fenster auf Kipp, bevor sie die beiden Freunde allein ließ. Das orientalische Plastik wehte, und Lydias Duft wich allmählich dem IKEA-Neu.

Abermals Stille.

Jörg machte den Anfang. „Versuch macht Kluch."

Jan nickte und ging zum Kühlschrank. Er schenkte reichlich ein, und sie tranken beide in einem Zug aus. „Bock auf Disko?"

„Mal sehen. Der Wein schmeckt nicht, oder?"

„Nee. Bestimmt teuer, aber viel zu sauer."

„Komm wir gehen."

„Arschloch."

„Selber Arschloch."

Sie waren sich mal wieder darüber einig, dass die meisten Frauen Schlampen sind.

3
Dreieckige Wimpel

Dreieckige Wimpel

Dreieckige Wimpel stehen in der Luft. Auf den Tischen Käsehäppchen mit bunten Fähnchen. Dänemark, Deutschland, Schweden, Frankreich, Großbritannien. Die Schnapsgläser hell und klar wie Wasser. Im Sonnenlicht:
Kleine Regenbögen am Grund der Gläser. Gesehen von den Kindern, die neu einschenken dem Chef der Feuerwehr, dem Bürgermeister so kurz vor seiner Ansprache. Der Kaufmann winkt ab, er verkauft noch die Süßigkeiten und Bierflaschen und zählt die wenigen Münzen Wechselgeld. Vom zweiten Glas beflügelt der Dorfplatz am Rande der Bundesstraße. Leichtigkeit in den leisen Unverschämtheiten. Laura flüstert. Die Kühe sind gemolken und der kinderlose Vormittag gehört jetzt den Andeutungen.

Als gäbe es das Studium nicht oder die Straßen hinter der Bundesstraße. Als wäre nicht bald Semesterbeginn. Als gäbe es morgen keine Milch, die in die Euter der Tiere fließt. Als gäbe es keinen neuen Mist und keine Kälber.

Er dachte bei Sehnsucht immer an das Dorf. Sie dachte nicht an Sehnsucht. Nicht jetzt. Sie fühlte Sehnsucht. Vor Jahren waren sie Prinz und Prinzessin gewesen und hatten in der Dorfgaststätte den Tanz der Sieger getanzt. Er bei den Schützen, sie beim Geschicklichkeitsparcours, der Rallye durchs Dorf. Boney M zum Siegertanz, Königsrolle das Eis für alle, alle im gleichen Boot zum gleichen Fluss zum gleichen Meer.
Zwei Busse kamen pro Tag, und es gab keinen Grund, einen zu besteigen. An Sonn- und Feiertagen, also an Tagen wie diesen, fuhr ohnehin nur ein Bus in die Stadt. Oder aus der Stadt zurück, je nachdem, wo man sich befand, am Anfang der Reise.

Die Wimpel standen still, und so konnte man zwischen zwei Schlagern, die die Anlage neben dem Ausschank hervorbrachte, für kurz Zeit die Autos auf der nun weit entfernten Straße hören. Kinder jauchzten, Bälle wurden von Vätern, Töchtern und Söhnen auf das grob gezimmerte Tor geschossen. Einfache Sitzbänke werfen Schatten auf den Schotterplatz, Sonnenschirme stehen leicht schief mit Aufdruck der hiesigen Brauerei.

Die Kraniche waren fast schon alle durch. Ankommende Schwalben hatten Gesellschaft, und flogen mit Eifer ihre Nester an. Im Jugendzimmer, im Haus zwei Häuser neben der Kirche ein bunter Rucksack und ein Koffer. Duft nach Weichspüler und alles ist sorgsam gefaltet. Schreibzeug und ein mp3, ein Foto von Paris. Ein leeres Tagebuch. Die Kulturtasche einer jungen Frau.

„Lieber Jörg ...", weiter kam sie nicht.

Die Bundesstraße ... weiter kam er nicht.

Die Euter der Kühe füllten sich, wie ihr Tagebuch sich füllte. Der Tank seines Traktors leerte sich, so wie ihr Koffer sich leerte. Jeden Tag SMS, weil für Anrufe wenig Zeit war.
Früh morgens, während des Melkens, schlief sie noch, und wenn sie im Café war und bediente, schlief er schon längst.

Am Nachbarbalkon des Mietshauses gegenüber eine Bermudashorts, die der Regen durchnässt hat. Sie hält inne. Der Regen erinnerte sie daran, dass es bald Hochsommer werden sollte im Norden. Bei ihm die Zeitung und die Dosensuppe, das in Tüten abgepackte Schwarzbrot. Im Kühlschrank Sahnehering und Bierflaschen. Gewürzgurken, Butter, Wurst und Käse. Ein Fach würde eigentlich reichen für alles, und das mittlere räumte er sowieso immer leer. Ihr Actimel war abgelaufen, aber er warf es nicht weg.

Latte Macciato und Google Earth. Nachmittags frei, und das Café hat Ruhetag. Internet für zwei Euro die Stunde. Google Street. Die Bundesstraße auf dem Schirm. Im Lidl eine kleine Tüte mit bunten Fähnchen. Schweden, Dänemark, Italien, Frankreich. Aber komisch, keine Fahne zeigt das Dorf.

Geschlechtsreife Lachse, die in eine Strömung geraten, schwimmen instinktiv gegen sie an, nachdem sie ins Meer gekommen sind. Oft Jahre später spüren sie diese Strömung, ein Gefälle, und eine Unruhe ermächtigt sich ihrer. Für die meisten Lachse beginnt dann eine Reise, an deren Ende sie sterben.

Aber Lachse sind eben auch Lachse.

Sie fahren nicht in Bussen, und sie kennen keinen Sonntag. Einbahnstraßen oder einfache Fahrten sind etwas, das Menschen mit Schildern definieren oder Fähnchen oder Ticketautomaten der Bahn. Der Rest ist Natur.

An einem Sonntag aber knipst Gott die Lampe an und sieht verblichene Käsefähnchen auf einem Kühlschrank liegen. Die Kirchenglocken läuten, und die zwei leeren Küchenstühle freuen sich schon mit. Der beste, einzige Anzug war noch nie im Schrank, und auch der Traktor ist heute geschmückt worden. Auf dem Anhänger Sonnenblumen und ein Schützenkranz. Der Bus ist spät, aber nicht zu spät. Die Felder sind reif, und das Warten erübrigt sich wieder. Fette Amseln singen, als wären sie Nachtigallen, und die Kraniche landen mitten im Feld, als seien sie Störche. Auf dem Dorfplatz wird gegrillt, und der alte Kaufmann rechnet wieder. Es ist wirklich Sommer geworden.

Die Bundesstraße ist gerade nicht zu hören, aber die Lichter der Scheinwerfer zeichnen einen Weg durch die Dämmerung. Die Wimpel kommen ins Gerätehaus, bis zum nächsten Jahr.

Die alte Bank auf dem Balkon. Morgen werden wir sie streichen.

4
Abhängen im Hochhaus

Abhängen im Hochhaus

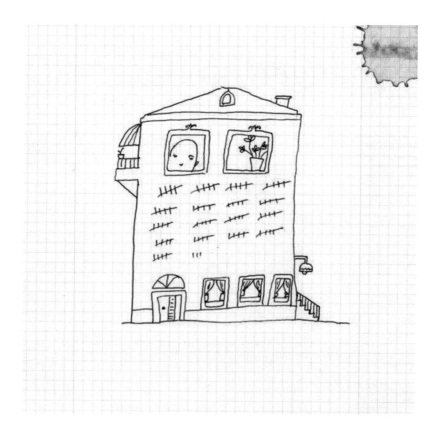

Mal richtig abhängen, das wäre es. In Australien oder am Meer,
so als Lohn für all die Mühe. Kauf ich den Flug, hab ich das Meer.
Das Preisschild baumelt, und mein Hund hat Hunger. Winselt,
die Ratte. Muss morgen ja auch kein Powerpoint vorstellen.
Sein Hundeleben ist mal geil, welcher Einbrecher soll hier denn
hochkommen, in den sechzehnten Stock?
Viel zu gefährlich, um aus dem Fenster zu springen.

Wenn ich ein Preisschild hängen hätte, was würde ich draufschreiben? „Ihm gehörte das Meer all inklusive zwei Wochen im Jahr." Und die Scheiße, die sich unter dem Hochhaus mit der von tausend anderen Arbeitnehmern mischt.

Hab mich natürlich nie laut beschwert, nur eben den Hund eine Ratte genannt. Wenn man einen Araber einen Inder nennt oder umgekehrt, ist das doch auch egal. Alles Säuger, alles Menschen, alles Tiere. Wenn ich ein Penner wäre, würde ich jeden Tag mit dem Hund laufen, und mindestens einer von uns wäre glücklich. Mindestens. Und ich hätte den ganzen Tag Zeit, um einmal nett zu ihm zu sein und fein auf Herrchen zu machen.

So was wie „Ey Hund, bist echt n geiler Typ, so ein Cheftyp, wenn Du Mist baust, geht es einfach so weiter wie immer". Morgen ist Powerpoint, und der Rechner hat einen Virus. Ist nicht gerade die Weltmeister-Ausrede in der Branche. Er selbst aber war leider körperlich komplett gesund. „Fickt Euch selbst" schon eher, vor allem, wenn man sein Auto nicht mehr will, denn das Auto ist nicht mal keine Ratte, sondern eine Sau. Macht nur Dreck und steht rum. Ich geh eh zu Fuß zur Arbeit, und das mit den Kindern ist nicht mal meine Idee, wozu also noch nen Kombi?

In dem Auto stecken drei Monate all inklusive, auch inklusive aller Scheiße und Kotze. Danach lasse ich mich dann vom Hund tot beißen, aber die Ratte hat doch keinen Mumm. Keine Sau hat was von dem. Schmeiß das Auto aus dem Fenster, gleich heute.

Ich hatte immer eine Zwei bis Drei, und so wird es auch jetzt bleiben, was solls. Die Frauen, die sich nicht schämen mit mir, die sind auch immer zwei bis drei, eine glatte Eins ist zu teuer, vielleicht mal ne Hure, die mir für ein paar Stunden das Meer vorspielt. Aber ne echte Eins, die ist dafür zu kalt und zu klar. Bei mir herrscht Nachsaison, an der Autobahn gelegen, also keine Karibik, eher verdreckter Baikalsee, direkt neben dem Atomkraftwerk und voll mit Syphilis und Käfern.

Ach so, die Töle hat Hunger. Ich schmeiß ihn auch aus dem Fenster, wozu dann noch zu fressen geben? Aber eine Zwei bis Drei macht sowas nicht, die ist gut zu Tieren. Also nehme ich lieber meinen Laptop. Ist mehr ne Flugratte, räudige Taube. Vielleicht treffe ich ja den Kombi damit. Morgen scheint wieder die Sonne, hat Mutter immer gesagt, bevor der Krebs sie geholt hat. Ich weiß, dass ich zu viel arbeite. Aber eine Zwei bis Drei ist ein tapferer Unteroffizier, ein Indianer ohne Schmerz. Früher war das nur irgendwie geiler. Ich war Captain Future und hatte keinen Hund, sondern eine Blondine namens Joan, das Heft damals 2 Mark, waren 40 Salinos oder 20 saure Gurken oder 20 Monde plus das, was man geklaut hatte oder sich mit Absicht verzählt. Hab das dann aber immer zurückgebracht als ehrliche Zwei bis Drei. Eine echte Eins oder krasse Sechs klaut geschickt oder ohne Reue und geht dann mit einer warmen Eins in den Whirlpool, wie mein Chef.

Seit fast einem Jahr hatte er keine Lust mehr auf Pornos oder Nutten mehr. Sein Hund hatte zwar im Stadtpark noch einen Setter gefickt, und er hatte das nicht unterbrochen, weil er mal wieder zu müde war. Fand er aber auch gut, nicht geil, aber beruhigend, dass der Hund zum Zug gekommen war. Der Setter war ne echte Eins, und er hatte es dem Hund von Herzen gegönnt.

Er stellte sich manchmal vor, mit der Seelsorge zu reden, musste dann aber immer laut lachen und rief lieber doch nicht an. Der Rechner geht wieder, ach so, das Update. Aber was dauert das so lange? Er könnte ihn also im Prinzip behalten, den Rechner, schade. Na gut, also doch eher zertreten, das Ding. Lieber den Rechner als den Hund, denn der Hund war jetzt ja schließlich Familienvater. Er könnte dem Hund auch einen Weihnachtsbaum kaufen, dann müsste er nicht mehr raus gehen mit ihm. Sozusagen ein virtueller Spaziergang als Flatrate, Dauerchatten für die Hundeblase.

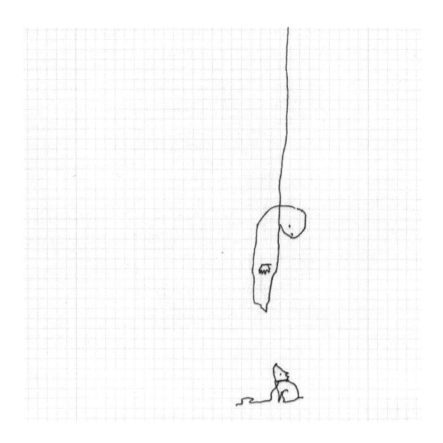

Er würde den Baum ins Klo stellen. Den Rechner dann unter einer Adventskerze zu Tode foltern mit dem Kerzenwachs, das zwischen die Tasten läuft und sein Inneres lahm legt. Flugrattentod, Mord einer Zwei bis Drei. Armselig. Die Präsentation ist fertig, fast alles auf Englisch.
Mal lüften und dann springen, oder?

Der Hund will nicht springen, der stellt sich seiner Verantwortung. Er ist wohl auch schon zu besoffen, um sich ernsthaft umzubringen.

Markets of the future – a new brand … Ein Anruf genügt, und er wäre aus allem raus. Warten ja genug andere auf den Job. Geil. Kein Geld haben und raus aufs Land ziehen. Mit dem Kombi rausfahren und nicht in den Rückspiegel schauen. Im Stehen vom Straßenrand pissen wie ein räudiger Streuner.

Captain Future zündete die Rakete. „Captain Future an Joan, fertig zum Entkoppeln?" Otto, der Android, hatte die Steuerung aktiviert. Simon, das fliegende Gehirn, hatte Rosen bestellt für die Weltraumhochzeit auf der Comet. Craig, der ultrastarke Roboter, hatte die bösen Rechner zerstört, die unaufhörlich Lügen in das All projizieren. Die fehlgeleiteten Panzer der verblendeten Planetenbewohner waren besiegt worden und dienten von nun an als Blumenkästen. Endlich Frieden.

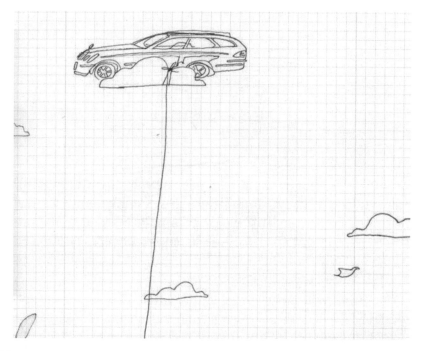

„Du bist besoffen, Jan."

„Ja, und? Was macht das für einen Unterschied?"

„Dass das jetzt ein denkbar dämlicher und unpassender Moment für einen Antrag ist. Mach Dich doch lieber alleine kaputt und ruf morgen wieder an oder übermorgen, wie sonst auch."

„Lass uns wenigsten mal reden. Mir geht's komisch."
Sie war doch eine Eins, das wusste er jetzt.

„Lass uns abhauen. Ich verkauf alles, ich hab keinen Bock mehr. Morgen noch die Präsentation, dann kann ich Überstunden abfeiern. Hab noch ohne Ende."

„Ey, Jan. Ich habe hier gerade erst angefangen. Wegen Dir. Wegen Dir bin ich in diese teure Wohnung gezogen, die wegen Dir auch noch in Deiner Straße liegt. Und nun habe ich endlich mal selber die Chance, was zu verdienen. Morgen ist hier Projektplanung, Visions Day, und ich hab ein richtig gutes Gefühl."
Jan atmete tief durch.

„Ja, gut. Dann machen wir es so, Joan. Machs gut."
Jan legte auf.
Auf dem befreiten Planeten stieg eine Raumsonde auf. Sie hatte eine gehörige Menge Salinos und saure Gurken geladen und hielt Kurs auf den Heimatplaneten.
So war sie. Ehrlich, krass und dabei immer mit dem Kopf über Wasser. Joan konnte auch dank überragender Technologie ohne Helm im All atmen.

Jan ließ den Hund packen und ging auf das Dach, welches sich nur wenige Stockwerke über seiner Wohnung befand. Ganz oben gab es eine Lounge, die 24 Stunden geöffnet hatte. Er wollte heute keinen Espresso, aber sie kannten ihn hier und ließen ihn trotzdem auf die Dachterrasse.

Guter Handyempfang, auch wenn der Wind krass in den Hörer wehte. Schnell die Terrassentür wieder zu machen, damit es keinen Ärger macht, er wollte jetzt ungestört sein. Vom Einer springen ... das hatte er auch einmal einfach so gemacht.

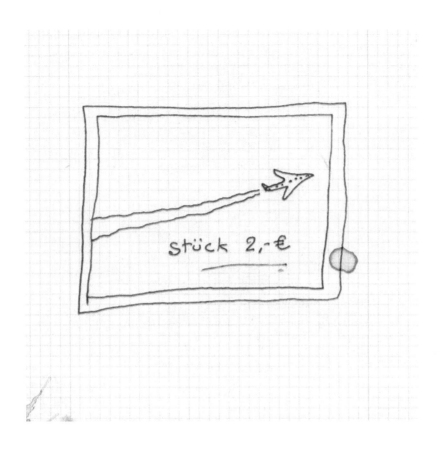

War aber dabei heftig auf den Bauch geklatscht. Seitdem sprang er nicht einmal mehr vom Beckenrand. Trauma.

Es kotzte ihn an, dass die Präsentation mal wieder gut genug war, um nicht aufzufallen.

Er konnte nun auch ohne Helm atmen. Nur die Geschichte würde eine andere werden. „Jan. Jan Skywalker, Du bist mein Sohn. Nimm deinen Helm ab." Und Jan nahm seinen Helm ab. Keine Feinde mehr da. Die Luft so kühl, wie sie nun einmal war hier oben und um die Zeit.

Der Computer ist eben ein Computer und kann nichts dafür, wenn das Universum versklavt war. Der Hund auch nicht. Er ist schon Vater und somit aus der Schusslinie.

„Jan?"
Ihre Stimme klang besorgt.
„Was machst Du? Es rauscht höllisch bei Dir."
Jans Kopf wurde wieder klar.

„Lass uns morgen reden. Dein Empfang ist scheiße."
„Ich liebe Dich."

„Was?"

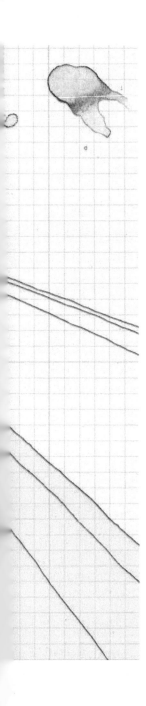

5
Ein Blatt

Ein Blatt

Wenn zum Beispiel ein Blatt einfach bricht mitten im Blätterrauschen. Alles sitzt erhitzt im Park und sonnt sich und denkt vielleicht an die Handtuchgröße, die erlaubt ist vom Ordnungsamt. Oder ob man sich lieber auflehnen sollte gegen diese neuerliche Normierung und einfach ein riesiges, orientalisches Tuch auf die Wiese ausbreitet. Als sei man die Vorhut einer zum Grillen aufgelegten türkischen Großfamilie. Einer fragt sich vielleicht, ob die Frau vom Ordnungsamt jetzt von irgendwem Nazi genannt wird oder so etwas. Also wenn, dann höchstens, weil sie in allem so gründlich ist. Jedenfalls bricht ihr Gesicht nicht, wenn sie so ihren Aufgaben nachgeht, und das spricht alles für Gewohnheit. Gewohnte Rollläden vor allem Glas. Dahinter dann das ganze Blätterrauschen, Tag für Tag. So mischt es sich nicht dahinter, mit dem vielschichtigen Klang des Straßenverkehrs. Lenkt eher allen Verkehr vor sich her. Am Ende doch immer wieder Mischmasch.

Leben eben, Mannheim eben, echte deutsche Küche, jetzt auch für Veganer. Und die fallenden Rispen der Kastanien. Die Atemzüge der ziellos Flanierenden, die in die Hälse betonierten Megaphone der Besoffenen, die sich an Klappstühlen festhalten und nichts so sehr fürchten, wie mit ihnen umzufallen. Wer fällt denn nun als nächstes um und hier, wenn nicht durch das Gebrüll? Wer kann das wissen. Wir fragen die Frau vom Ordnungsamt, und für einen Moment lächelt sie leise hinter ihren Rollläden und erklärt uns, dass es laut Dienstanweisung hier ja nicht zugehen soll wie im Schwimmbad.
Aber der einzige wacklige Klappstuhl steht ganz am Ende des Parks, als zimmerloser Pausenraum, der heute bis hierhin unbesetzt bleibt. Freitag Nachmittag. In der Mittagspause fängt für die meisten hier das Wochenende an.

Das Eis schmilzt zu schnell, wenn du da bleibst, ohne hastig daran zu lecken an solchen Tagen. Er schenkte ihr fast immer ein Eis um diese Zeit, der Frau vom Ordnungsamt. Irgendwie schien sie zu wissen, dass es kein Bestechungsversuch war oder ein Übertreten der städtischen Ordnung. Und in den Momenten, in denen sie von dem Eis aß, war ohnehin Pause in ihrem Pausenstuhl. Niemals wäre sie auf die Idee gekommen, dass eine mobile Eisbude ein Hinweis auf ein Schwimmbad gewesen wäre. Die Stadtverwaltung hatte kraft ihrer geschriebenen oder mit Bedacht nicht geschriebenen Verordnungen verbrieft, dass ein vorschriftsmäßig lizensierter Eisverkäufer durchaus passen würde in das Stadtbild. Man durfte also auf den Wiesen sitzen und Eis essen, so lange man eben kein zu großes Handtuch unterm Hintern hatte und somit der Frau vom Ordnungsamt, Gott bewahre, unsanft ein Ende ihrer wohlverdienten Mittagspause aufzwingen würde.

Er, der Eisverkäufer, horchte jetzt auf das Rauschen. Und ihm verschwammen Rispe, Blatt, Motorrad und Straßenbahn. Kinderlachen und das ferne Gegröhl der Biertrinker. Es wäre nicht zu hören, das einzelne Blatt. Schade eigentlich. Denn es war so weit.

Eine laute kurdische Hochzeitsgesellschaft schob sich hupend und winkend von Ampel zu Ampel, an der Allee am Rande des Parks entlang. Währenddessen standen bereits eine ganze Reihe von Kunden auf ein Eis beim Verkäufer an. Es herrschte nicht sofort diese Stimmung, die man als erwartungsvoll hätte bezeichnen können. Viel mehr wuchs sie ganz sacht und allmählich an.

69

Er bediente hier bereits den ganzen Sommer über. Einige der Anstehenden hatten hier schon oft etwas gekauft, so kurz auf das Wochenende hin. Kein exklusives Eis, nicht besonders feierlich, aber auch nicht eben schlecht. Einfach nur erwartbar, angenehm, mit Geschmack versehen und zumindest appetitlich. Nur wenige Schmuckfähnchen gab es für Erdbeer, Schoko, Himbeer, Stracciatella, Zitrone, Vanille und eine handvoll weiterer Sorten. Aber nun, indem die Hochzeitsgesellschaft weiter zog und allmählich verstummend ins Rauschen abtauchte, ahnten zumindest die Kunden, die in seiner Nähe standen, dass etwas passieren würde. Einer der Wartenden, der dringend zum Bahnhof musste, und ohnehin überlegt hatte, ob sich das Warten noch einrichten ließe vor seiner Abreise, wurde bereits ungeduldig und begann, obwohl er nicht an der Reihe war, einfach mit der Bestellung. Aber in dem Moment, als er Luft holen wollte, um die von ihm gewünschten Eissorten auszurufen, wurde er von den Umstehenden jäh unterbrochen. „Pssst!" Eine Hand legte sich beruhigend auf seine Schulter. Hinter ihm standen Leute, die aber nicht ihn ansahen, sondern in Richtung des Eismobils blickten. Erst jetzt schaute er aufmerksamer nach vorn und sah, dass etwas Feierliches im Gesicht des Verkäufers lag.

So still war es um den alten, umgebauten Fordbus. Ein sehr lautes Motorrad fuhr aus der gegenüber liegenden Seite des Parks vorbei, was die Stille nur noch stärker unterstrich, während es in entgegengesetzter Richtung der kurdischen Hochzeitsgesellschaft verschwand. Als sich nun unter den Wartenden ein älterer Herr mit Brille zum Gehen umwenden wollte, hob der Eisverkäufer abrupt den Zeigefinger. Der Herr blieb kurz stehen, und kurz bevor er weiter gehen wollte, wurde der zweite Zeigefinger in die Luft gehoben. Er gab es wieder auf und blieb endgültig stehen. Als würde nun ein Kunststück folgen, irgend ein besonderer Clou, blieb das halbe Dutzend der Wartenden trotz der Hitze an den selben Ort gebannt stehen. Wiederum diese Stille in den sie umgebenden Geräuschen.

„Dies hier sind die zwei Schornsteine."

Obwohl niemand verstand, warum seine Finger nun Schornsteine darstellen sollten, stellte niemand unter ihnen in Frage, dass es zwei Schornsteine waren in genau diesem Moment. Er drehte sich sehr langsam um sich selbst herum und führte die Zeigefinger in diesem Tempo in Richtung der Fahrerkabine des Eiswagens. Der Lärm der Stadt bildete hierzu den verstärkenden Kontrast, das sich öffnende akustische Auge. Als er noch langsamer wurde, schien er sich seiner Sache so sicher zu sein, dass niemand der Zuschauer in seiner Aufmerksamkeit dem Geschehen gegenüber nachließ. Als er lächelte, sahen seine Zähne aus wie ein Gartenzaun, hinter dem sich sehr sonderbare Gewächse zu verbergen schien, die nun unmittelbar vor ihrer Sichtbarwerdung standen, Lichtschalter an oder plötzliche Morgensonne. Als die immer noch nach oben gerichteten Zeigefinger wieder sichtbar wurden, konnten die Zaungäste erkennen, dass sie durch etwas hindurch gesteckt waren, das sie nun im kurzen Abstand zueinander verband.

Eine alte Musikkassette. Sah aus wie aus den Achtzigern, von Maxell oder BASF, vielleicht Musik aus seiner Jugend. Oder doch etwas Irres, irgend ein Terrorismus vielleicht. Dachte der Mann, der nun wirklich dringend zum Bahnhof musste, und drehte sich verärgert um. „Halt!", rief nun der Eisverkäufer selber. Der Mann erschrak und blieb, wenn auch in angespannter Haltung stehen. Und so verweilten die Umstehenden nochmals, wenn auch mit wachsender Unruhe ob der nun über sie her wuchernden Stille. Stille. Stille.

Der Verkäufer legte ohne Umschweife und weitere Betonung der Langsamkeit die Kassette in ein sich hinter ihm befindliches Kassettendeck ein. Es wurde plötzlich ein lautes Rauschen hörbar. Der eine oder andere sah sich reflexartig nach der Frau vom Ordnungsamt um, wegen des lauten Grundrauschens, aber diese war in dem Moment nirgends zu sehen. Wenn dieses Geräusch schon so laut war wie ein Schwimmbad, musst es sich bei dem Folgenden um irgendetwas Verbotenes handeln. Eine Musik oder ein Progrom, mindestens lauter als jedes Schwimmbad einer Millionenstadt. Und dies hier war bei weitem keine Millionenstadt, Gott bewahre, in keinerlei Hinsicht nicht.

Tatsächlich wurde die Frau vom Ordnungsamt sogar genau jetzt, am anderen Ende des Parks, aufmerksam. Aber sie wusste selbst nicht recht, warum. Sie stand von ihrem Stuhl auf. Es war eigentlich nichts zu hören. Nur die Stadt war auf einmal überall um sie herum. Ihre Geräusche schienen so nah zu sein, näher zu kommen, kamen auf sie zu. Tatsächlich wurde das aus dem Eiswagen dringende Geräusch immer lauter. Die Umstehenden begannen allmählich, vor der Geräuschquelle zurückzuweichen. Der Mann, der nun wohl seinen Zug verpasst hatte, hielt sich fälschlicherweise die Augen zu. Eine ältere Dame wollte ihn auf seinen Irrtum ansprechen, empfand das Rauschen nun aber selbst als so beunruhigend, dass sie sich die Ohren zu hielt, immer noch nach dem Mann schauend, sich am gewohnten Kümmern fest haltend in diesem Rauschen, das nochmals lauter geworden war. Das aus den Lautsprechern Dröhnende erreichte inzwischen das Ausmaß eines tiefen Brummens. Alle anderen Geräusche schienen darin aufzugehen und für immer verschluckt zu werden. Je weiter man sich vom Eiswagen entfernte, um so eher trat das Gegenwärtige, Alltägliche der Stadt wieder hervor, mischte sich aber unmerklich unter den Klang der Lautsprecher. Der weit ausgedehnte Bereich des Übergangs war die wirkungsvollste Zone. Hier entfaltete sich das Konzert am Feinsten und am Deutlichsten. Die Wirkung des Rauschens nahm nicht ab, wenn man sich entfernte. Sie wurde nur anders, subtiler, fand gewissermaßen unter der Haut statt.

Menschen blieben unvermittelt stehen.

Ein Kind schaute auf sein Supermarkteis, sah einfach zu, wie es schmolz, ohne daran zu lecken. Ein viel zu großes Badetuch blieb komplett aufgedeckt, obwohl nur ein einzelner, schmaler Mann darauf lag und las. Die Frau vom Ordnungsamt hatte es bemerkt, blieb aber tatenlos stehen und schaute zu den Bäumen hoch. Ein ICE fuhr nur fünf Minuten verspätet ab, aber niemand war ein- oder ausgestiegen. Eine alte Frau träumte von etwas. Die Brunnen standen in der Luft, einfach so. Der Eisverkäufer nahm sich selbst Kugeln vom Eis, von jeder Sorte eine, und setzte sich auf seinen Tresen, während die inzwischen auf das Doppelte angewachsene Menge an Wartenden ihm zuschaute. Niemand weiß genau, wie lange er so da saß, alles nur so da war, und wie lange ihm dabei zugeschaut wurde. Vielleicht war es auch viel zu viel Eis gewesen, und es schmolz einfach in der Sonne.

Man sagt, dass der Eisverkäufer, nachdem er das Eis Essen beendet hatte, sich einen Hut aufsetzte, eine Handtasche nahm, den Rollladen an der Tresenfläche herunterließ, und einen Zettel mit einer Notiz daran klebte:

IMMOBILIE. VERKAUF LIEGT BEIM ORDNUNGSAMT

Dann sei er abgestiegen und unter die Leute gegangen, zu denen sich die Frau vom Ordnungsamt gesellt hatte, und er hätte was zu ihnen gesagt.

„Danke", hätte er gesagt. „Danke. Ihr wart ein wunderbares Publikum. Die soeben gehörten Stücke habe ich genau hier auf-

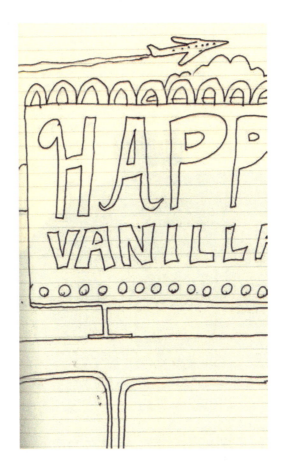

genommen. Hier an dieser Stelle. Ich war vom letzten Sommer an bis heute sehr oft hier und habe auch sehr oft aufgenommen. Ich habe lange überlegt, welche Aufnahme ich aussuchen und Euch zum Abschied vorspielen soll. Aber weil ich mich nicht entscheiden konnte, habe ich gedacht, ich nehme die erstbeste Aufnahme, eine von ganz vorne, und mache sie einfach ganz laut, damit ihr sie genau hören könnt. So laut es geht. Und es war ein gutes Konzert, bei dem ihr zugehört habt, eben weil ihr zugehört habt. Ich möchte Euch dafür danken."

Das vermutlich ist so gesagt worden und so geschehen.

Und dann ist er gegangen. Einige haben behauptet zu wissen, dass er irgendwo ins Ausland gegangen ist, aber wo soll das denn sein? Andere wiederum meinten, er sei wohl gestorben.

Vielleicht gilt ja auch beides. Aber was das Sonderbarste ist: Nachdem er schon eine ganze Weile weg war und der Eiswagen mit seinem Zettel dran noch im Park stand und nachdem die Leute einer nach dem Anderen ihrer Wege gegangen sind, blieb eine Person zurück.

Erst, als es schon dunkel wurde, ging die Frau vom Ordnungsamt zum Wagen, schob den Rollladen hoch, setzte sich auf die Theke und blieb. Auf der Wiese lag nur noch ein verlassenes Badetuch.

Wind.

Erst, als sie ganz sicher war, dass durch die vielen sich bewegenden Blätter von oben die Sterne sichtbar wurden, ging sie zur Stereoanlage und drückte auf Aufnahme.

6
Insgesamt 18,00 Euro ...

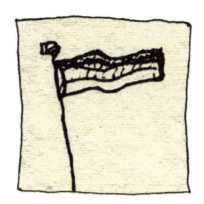

Insgesamt 18,00 Euro ...

Georg hatte das nicht im eigentlichen Sinne des Wortes geplant. Um so etwas zu planen, fehlte es ihm naturgemäß an Erfahrung. Es kam ihm durch die viele Beschäftigung mit dem Thema aber inzwischen selbstverständlich und naheliegend vor, Schritt für Schritt der Unternehmung durchzuführen und zur Vollendung zu bringen. Er konnte nicht warten, bis die Presse Wind davon bekommen sollte, das wäre ja noch ewig, so klein wie er war. Bis dahin wäre sie schon zu alt oder würde mit jemand anderem über alle Berge sein wie Papa mit Mama damals, als sie aus Ungarn raus sind über die Botschaft.

Was eine Botschaft ist, wusste Georg. Seine Schwester hatte solch eine Botschaft erhalten und fragte die Eltern darauf hin, ob sie mit Matthias in eine Wohnung ziehen darf. Der aber hätte kein Geld gehabt, und Papa schimpfte, dass Matthias eine alte Sau ist, er ist doch viel zu alt für sie und solle sich nicht an unschuldigen Mädchen vergreifen. Und wenn Matthias sich bei Papa hätte blicken lassen, hätte Papa ihm auf die Schnauze gehauen.

Also Botschaften sind immer kompliziert, man muss es eben anders versuchen, so lange man noch klein genug ist. Darin sah Georg seine Chance, eigentlich auch seine Berechtigung, Noemi zu fragen.

Sie lebte am Rande des Stadtteils, stand oft am Zubringer zum Zentrum, unweit der S-Bahn-Haltestelle. Dort, wo sich die Jungs zum Fußballspielen trafen.

Aber sie schaute nur selten zu. Sie war so viel größer, so viel schöner und so viel sauberer als er, der meistens verdreckt vom Spiel an ihr vorüberging. So viel anders, als alles, was er bisher gesehen hatte, dass ihre wie bei kleinen Mädchen bemalten Lippen ihn gar nicht störten, vielmehr erinnerte er sich immer an sie, als wären die Lippen gar nicht rot bemalt.

Viele Erwachsene hatten ihr schon ihr Geld gegeben, und sie ist in ihre Autos gestiegen. Aber alle waren wohl Schweine, weil sie viel zu alt für sie waren und sie nicht ernähren konnten. So stand sie am Ende also immer wieder am Rande des Bolzplatzes und wartete auf den nächsten Freien.

Wer frei war, hatte Geld. Wer Geld hatte, war also frei. Georg war also auch frei, weil er Geld hatte, und er hatte sogar sein Taschengeld gespart. Um noch freier zu werden, spielte er in den ältesten Fußballschuhen. Die ihm schon zu klein waren und an den Zehen höllisch drückten. Seine Eltern hatten ihm zu seinem Geburtstag Geld geschenkt, damit er sich neue Fußballschuhe kaufen könnte. Die guten Lukas Podolski, Tante Margot hatte dafür dazugegeben, wofür er sich zum Kotzen oft bedanken musste. Tat er aber auch, weil er wusste, dass er das Geld für etwas noch Besseres und Schöneres ausgeben würde als die neuen Lukas Podolski.

Er war also immer freier geworden, und außerdem war er kein Schwein. Kein Schwein mit Geld, und weil er so viel kleiner war als sie, würde sie mitkommen können, und niemand dürfte ihn verhauen dafür.

Na ja und all diese Gedanken hatte er sich eben schon seit langer Zeit gemacht, als er auf Naomi zuging. Naomi würde mit ihm gehen und in sein Zimmer einziehen, sie sollte nicht mehr so traurig warten am Bolzplatz und angemalt in der Kälte stehen, oder wenn es viel zu heiß ist.
Sein Kinderzimmer war im Sommer schön kühl und im Winter angenehm warm, und Mama konnte sehr gut kochen. Georg aß sowieso fast nie alles auf, und als Fußballer soll man auch nicht so dick werden von dem ganzen Essen. Das allein würde schon reichen für Naomi.

Sie konnte das Kochen dann auch von Mama lernen. Die konnte das gut erklären, und wenn sie die Presse später einmal nach dem Rezept von gestopten Bohnen mit Speck fragen würde, wäre Naomi nicht verlegen um eine Antwort. Georg strahlte bei dem Gedanken an ein Leben mit gestopten Bohnen mit Speck.

Ihm machte nur Sorgen, dass sein Zimmer so klein war und wenn Naomi so schnarchen sollte wie Mama. Aber dann verwarf er den Gedanken sofort wieder:

Ein Mädchen wie Naomi würde niemals schnarchen. Niemals nicht.

7
Ein Wal

EIN WAL

Frieda war fast schon ein wenig zu schwer für die Schaukel. Sie langweilte sich. Schade, dass sie sich nur noch selten zum Schaukeln miteinander trafen. Die Jungs spielten an den Wochenenden Fußball.

Heute war ein Auswärtsspiel.

Das Taubengitter auf dem Gerüst der Schaukel sagte „Landen verboten". Die anderen waren mit ihren Eltern unterwegs im Freizeitpark, zu Verwandten oder ins Museum.
Nur der Mann mit der Zigarette war da.

Im Schulsport waren Jungs und Mädchen seit diesem Jahr getrennt. Schade, weil sie selbst so wild war und die anderen Mädchen, vor allem die, die kein Handball spielten, Angst vor ihr hatten oder ihre Nähe zumindest scheuten. Er hatte Augen wie Herr Grebin. Oder Augen, wie Herr Grebin sie manchmal hatte. Herrn Grebin mochte sie, auch weil sie mit seiner Tochter befreundet war. Aber den Chemieunterricht mochte sie nicht. Sie wusste, dass Salzwasser zum größten Teil aus $H2O$ und $NACL$ besteht. Dass es feste Körper gibt und flüssige und gasförmige. Was war mit Rauch? Rauch war rauchförmig.

Er lachte vor allem die meiste Zeit. Wie Herr Grebin, wenn er unsicher ist, ob er eine Formel richtig erklärt hat. Seltsam, Frieda hatte sich immer einen Hund gewünscht. Einen weichen, sanften. Einen Retriever oder Irish Setter mit langem Fell. Einen bissigen Hund wollte sie nicht. Die Schaukel quietschte, wohl, weil sie so schwer war. Sie kam sich oft zu schwer vor und zu groß. Sie war größer als die meisten Mädchen in ihrer Klassenstufe. Gut, in der C die Eileen, die war größer, aber die hatte auch keinen Hund.

Warum stand auf dem Schild vor dem Spielplatz nicht eine Schrift mit „Zu schwere Mädchen verboten"? Das hätte sie verstanden. Dort stand lediglich „Rauchen verboten". Und sie hatte es gelesen. Aber der Mann hielt sich nicht daran und rauchte.

Herr Grebin war Nichtraucher. Er war am Sonntag auch nicht allein unterwegs. Eileen hatte oft Hosen an. Sie hatte viele Kinder eingeladen zum letzten Geburtstag, und Herr Grebin hatte sehr viele lustige Spiele mit den Kindern organisiert. Es wäre schön gewesen, wenn Herr Grebin jetzt da wäre. War er aber nicht.

Wenn Frieda nur noch etwas wachsen würde, wäre sie so schwer wie der Wal in der Bibel. Der die Sünder verschlang und irgendwann einmal wieder ausspie. Aber wann er sie ausspeit, diese Entscheidung trifft einzig und allein der Wal. Im Wasser ist der Wal leicht wie eine Feder.

Er kann schwerelos Purzelbäume oder noch viel gewagtere Manöver vollbringen. Und die Sünder in seinem Bauch purzeln umher. Der Wal ist jetzt Friedas Lieblingstier. Frieda mag nicht mehr schaukeln. Das Quietschen hört aber nicht auf, obwohl sie eigentlich nur einmal gequietscht hat, die Schaukel. Sie schaukelte immer weiter und immer höher, obwohl Frieda mit den Beinen bremsen wollte. Man konnte nicht aufhören. Man konnte es nicht.

Wenn der Wal einen schweren Stein verschlingt, erschlägt der Stein die Sünder. Aber der Wal ist ein lieber Wal. Er weiß nicht, was die Menschen tun. Liegt dann im Sand und kriegt keine Luft mehr. An Land erdrückt der Wal sich selbst mit seinem eigenen Gewicht. Die Rippenbögen brechen wie Zweige, und aus der Fontäne kommt nur noch wenig Luft. Ein Wal hat keinen Hosenanzug und kein Kleid an wie sie. Und keine Zigarette.

Wenn ein Wal am Strand zu sterben droht, kommen die Menschen und versuchen, ihn wieder in das Wasser zu ziehen. Sie drehen Filme über ihre Mühe mit dem Wal. Aber meistens bleibt er nach dem Film im Sand liegen. Ein Wal hat keinen Hosenanzug und kein Kleid wie sie. Und keine Zigarette.

Herr Grebin ist Friedas Vertrauenslehrer. Er macht sich große
Sorgen, weil sie in der Schule so nachgelassen hat.

8
Der warme Umhang

Der warme Umhang

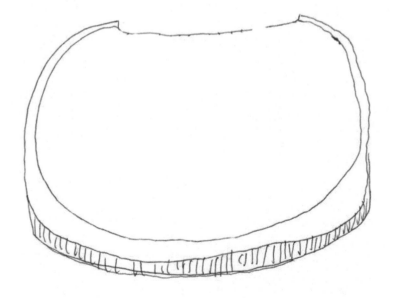

Die halben Käse bieten vollen Einblick in das frische, duftende Innere, und sie laden zum neugierigen Probieren ein. Teure Stücke locken den Zufriedenen, den, der sich belohnen mag, den, der auch ökologisch korrekt noch zu schlemmen versteht. In einer halben Stunde ist Ladenschluss, und Eva räumt auf.

Schneidet den Käse nicht mehr neu auf in der Filiale, damit morgen mehr Frisches zum Aufschneiden bleibt. Wer jetzt noch einkauft, ist sich sicher und braucht nicht mehr überzeugt zu werden. Wird auch nicht verweilen, um sich zu einem weiteren Stück verführen zu lassen. Schnee fällt in den Stadtteil, Schnee fällt auf den Fluss, auf die zufrierenden Pfützen, auf die Autodächer, auf Evas Fahrradsattel. Herr Gmelin erhält seinen Bergkäse, dazu gehobelten Gouda zum Überbacken. Als wolle auch er sich mit Gratin zuschneien lassen.

Durch die Scheibe sah sie immer weniger Leute am Laden vorbeigehen und kaum noch jemanden in den Laden hinein gehen. Gratiniertes Leben. Zum Glück würde es heute Suppe geben. Auf keinen Fall Graupensuppe. Vielleicht hätte sie nach Neuseeland mitkommen sollen. Nicht nur, weil sie Sittiche mochte. Sie mochte Thorsten.

Was sollte sie ihm auch mehr sagen? Große Worte waren nicht ihre Sache, und schon gar nicht, wenn etwas Neues beginnen sollte und man die junge Pflanze einer Bekanntschaft nicht aus der Erde zerren und entwurzeln will, indem man sie zu früh beim Namen nennt. Thorsten nannte es eine Frage des Timings. Es war für ihn genau das passende Timing gewesen, um loszufahren. Er war nett, sehr nett sogar. Und interessant. Aber Liebe? Er plante gut, ein wenig zu gut für ihren Geschmack, und das hatte ihr Angst gemacht. Sittiche sind Angstflüchter, sie flüchten nach hinten und nach oben, aber nie nach vorn.

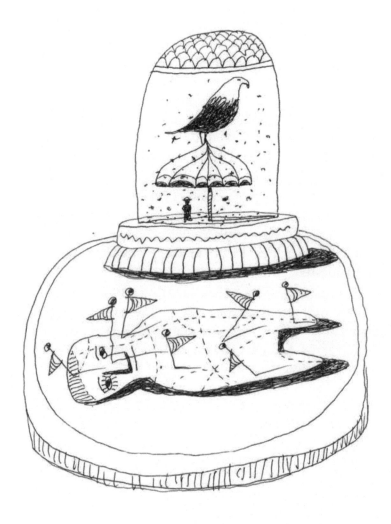

In seiner Wohnung, nach einem dieser Wochenenden, hatte sie seine Weltkarte studiert. Darauf waren Käsefähnchen angesteckt mit zukünftigen Daten. Das Datum mit dem am weitesten entfernten Ort und dem am wenigsten entfernten Tag, stand auf der Fahne, die in Neuseeland steckte. Auckland.

Eva räumte die Kiwis weg. Die meisten waren schlecht geworden. Kiwis waren immer entweder zu grün oder schon schlecht. Bei der Heimkehr würde sie ihre Jacke im Flur ausziehen und dabei ihr Spiegelbild sehen. Sollte sie lieber essen gehen?

Herr Spörler kam, der Filialleiter mit Schulung Personalmanagement. Er bemerkte, dass sie wieder einmal spät dran war mit der Frischetheke und fasste mit an. Er war geschickt darin, Dinge zu bemerken, aber wenig sorgfältig in seinen Handlungen und für ihren Geschmack dadurch wenig hilfreich. Immerhin wurden sie rechtzeitig fertig, und wenigstens fragte er sie nicht, ob sie zusammen zu Abend essen sollten Das hatte er gottlob aufgegeben, Sie wusste nicht, was sie gegen ihn hatte. Sie mochte ihn nicht. Vielleicht auch, weil er so nett sein wollte.

Eva wischte mit dem für diesen Zweck mitgebrachten Küchenhandtuch den Sattel ab, befreite ihn vom Gratin des Tages und trocknete den kunstledernen Überzug. Sie hatte keine Lust auf den Spiegel, den Flur, die Suppe. Sie dachte an das Briefpapier und die Marken, die sie heute in der Pause erstanden hatte. Es schneite. Auf ihrer Mütze sammelte sich eine fein spürbare Menge Schnee. Dann fuhr sie los. In die andere Richtung. Tat es wieder. Hielt wie schon in der letzten Woche direkt auf Kentucky Fried Chicken zu, um Thorsten zu schreiben. Diesmal aber würde sie den Brief abschicken.

Lieber Thorsten.

Sie bestellte ein Menü. Es war voll und laut in dem Schnellrestaurant. Anders als im Bioladen, und sie genoss die ausgleichende Hässlichkeit. Es beruhigte ihre Nerven.

Lieber Thorsten, ich weiß ja gar nicht, ob Du meinen selbst genähten Umhang gebrauchen kannst in Neuseeland. Hier schneit es, und er hätte Dich warm gehalten. Immerhin ist er grün wie die Sittiche. Ich habe heute ein paar Kiwis weggeworfen. Denen scheint es hier wenig zu gefallen, so weit weg von der Heimat. Bist Du noch grün in Neuseeland oder schon faulig?

Ich fand Dich hier gerade richtig. Du hattest ein sehr gutes Timing, da stimme ich Dir zu. Außer mit der Reise. Ich liebe Dich hoffentlich nicht. Wenn die Erde eine Schneekugel wäre, könnte ich sie, immer wenn ich wollte, einfach umdrehen, so dass der Schnee auf der einen Seite verschwinden und auf der anderen Seite fallen würde. Dann müsste Dein Flieger wieder starten. Du könntest mir den blöden Umhang zurückgeben und müsstest ihn nicht mehr mit Dir herumschleppen in Neuseeland. Ich esse Hähnchen. Ich weiß nicht, warum ich Dir das schreibe. Herr Spörler will mit mir ausgehen, aber sein Timing ist erbärmlich. Die Kiwis tun mir leid. Ich würde sie gerne zurückbringen.

Nur so.

Eva

Sie fühlte sich besser und trauerte unsichtbar ein wenig in ihre Cola und in die Knochen der Hähnchen, deren Teile sie gegessen hatte. Die Popmusik tat gut, schützte sie, hielt sie geborgen. Nirgends ist man so ausgiebig einsam wie in einem Schnellrestaurant. Danke, Amerika. Neuseeland, du Arschloch. Michael Jackson und Justin Timberlake warfen ihr einen schützenden Umhang über. Als Grace Jones zu singen anfing, war sie schon draußen.

Der Brief war abgeschickt, sie hatte ihn in den Briefkasten geworfen, sein Gewicht war von ihren Schultern genommen. Die nächsten Tage hatten, wenn schon keine Leichtigkeit, so doch Erleichterung gebracht. Der Sex mit Herrn Spörler war nicht besonders, aber sportlich, und immerhin amüsant. Sie hatte fast jedes mal einen Orgasmus, den sie nicht spielen musste. Schwanger wurde sie, Gott behüte, mit Sicherheit nicht, am wenigsten von Herrn Spörler.

Herr Spörler blühte entgegen seiner eigenen Erwartung und Hoffnung aber nicht auf, sondern wurde täglich stiller und missmutiger. Nach gut einem Monat trennte er sich von ihr nach einem offenen Gespräch. Sie pflichtete ihm bei, dass es besser wäre, Berufliches und Privates strikt zu trennen. Herr Spörler stellte mit Erfolg einen Versetzungsantrag in eine Partnerfiliale nach Wuppertal.

Die dann folgenden Wochen genoss sie. Der neue Filialleiter war ein dicker, verheirateter Mann namens Jurgeleit. Er war ein guter Chef, und sie war eine gute Fachverkäuferin. Die kleine Filiale florierte, und ihre Besuche beim Kentucky Fried Chicken wiederholten sich nicht mehr.
Alles hätte so schön sein können.

Es war Frühling, April, das Wetter aber eindeutig schon Mai. Die Hunde konnten ihre Hinterlassenschaften wieder riechen, da nichts auf den Bürgersteigen mehr gefroren war außer dem schnell tauenden Eis ungeschickter Kinder. Gegenüber der alte Elektroladen mit dem Schaufensterschmuck aus den Achtzigern. Sie hatte tausendmal herübergeschaut und dabei eigentlich komplett aufgehört, ihn zu bemerken. Er war wie eine Kulisse geworden. Ein gleichgültig gewordener Vorhang, eine Raufasertapete mit Elektroladenmotiv, die den Hintergrund abgab für ihre Arbeitswelt.

Doch heute war etwas anders.

Etwas drängte unaufhaltsam aus der Vergessenheit in den Vordergrund zurück. War es etwas in den Fernsehern der altbackenen Auslage? Kachelmann? Nein, dieser Fußballtrainer, der war auch immer unrasiert. Wie Thorsten. Thorsten?

Das war es! Neben der Eingangstür vom Elektroladen war ein Plakat angebracht worden. Es musste gestern auch schon dort gewesen sein, aber es war ihr noch nicht aufgefallen. Auf dem Plakat war eindeutig das braun gebrannte, unrasierte Gesicht von Thorsten zu sehen. Sie stürzte auf die andere Straßenseite: Gemeindehaus, 20 Uhr 30. Reisebericht und Diavortrag.

Jetzt würde sie ihren Umhang wohl doch noch wiederbekommen.

Im Gemeindehaus gab es schon seit längerer Zeit Vorträge, die zumeist von Senioren besucht wurden. Ein wenig rührend, aber auch trostlos war der Vortrag, den sie gemeinsam mit Thorsten dort einmal besucht hatte. Sittiche und Papageien Ozeaniens. Sie hatte auf einmal Hunger, Hunger auf Hähnchen. Trotzdem würde sie heute in den Flur gehen und in den Spiegel schauen. Die grüne Jacke. Das gelbe Kleid, Schuhe, gut. Sie wartete darauf, wieder heulen zu müssen, musste zu ihrer eigenen Überraschung aber lächeln. Scheißspiegel, aufdringlicher. Sie lächelte auch noch, als sie den Käse schnitt für das Gratin von Herrn Gmelin.

Im Gemeindehaus wurde das Licht gedimmt. 20 Uhr 40, die zumeist älteren Herren und wenigen älteren Damen wurden schon unruhig. Nicht wenige von ihnen überlegten, ob sie wohl schon zu müde wären für den ganzen Vortrag, oder ob sie noch einmal auf die Toilette gehen sollten. Es klopfte. Ein Herr mit Stock, der ohnehin nah am Eingang saß, öffnete, um Unauffälligkeit bemüht, die Tür. Der eindringende Lichtkegel blendete nur leicht, dazu war es noch nicht lang genug dunkel gewesen. Trotzdem waren die meisten Augenpaare gebannt auf die geöffnete Tür gerichtet, als sei sie unvermutet der Eingang in eine wunderbare, bessere Welt.

Wegen ihr. Wegen ihrer Silhouette, ihrer unvermutet erschienenen Weiblichkeit. Kaum jemand dachte noch an Neuseeland, nicht einmal an das Schlafen gehen oder die Toilette. Vielmehr ging wohlig eine feine, vergile Welle durch die kleine Gruppe älterer Leute.

Thorsten war in dem Moment der wohl am wenigsten vergile Mensch im Raum. Er stand in der Dunkelheit, mit dem Rücken zum Auditorium, hoch konzentriert. Er spürte die Unruhe im Publikum, dachte daran, dass es mal wieder den späten Ankömmlingen geschuldet sei. Egal wann er anfing, immer kam jemand zu spät. Daher hatte er sich angewöhnt, dieser Tatsache möglichst wenig Beachtung zu schenken. Die Arbeiterwohlfahrt bezahlte ihn und seine Reihe, die sich selbst nicht getragen hätte, aber für die Zuschauer ein wichtiger Teil ihres kulturellen Lebens war. Es machte ihn beileibe nicht reich, aber es genügte, um seine kleine Wohnung, die er vor gut einem Monat bezogen hatte, zu bezahlen. Wenn er bei Discountern einkaufte, brauchte er nicht nachzurechnen. Diesbezüglich war er also schon angekommen. Auch deswegen richtete er seine Konzentration auf die Diaprojektionen und begann, zu erzählen.

Spezialitäten Aucklands. Wie man dort Weihnachten feiert. Vor dem Eingang eines gigantischen Discounters, in Konfiserien französischer Auswanderer, Wurstwaren polnischer Einwanderer, Wanderungen durch die Umgebung der Stadt. Er trug ja den Umhang auf vielen der Dias. Eva strahlte im Dunkeln. Die Herren im Publikum strahlten auch, aber mit geschlossenen Augen. War das Patschouli? Eine Andeutung von Patschouli zumindest, ökologisch, aber auch menschlich, vor allem: weiblich! Amor und Psyche, wie es wirklich hätte riechen sollen. So, wie nur eine lebendige Frau duftet. Einem der Herren lief eine Freudenträne herunter, der er sich in der Dunkelheit nicht schämte.

Thorsten bemerkte die gute Atmosphäre im Publikum erst gegen Ende des Vortrags, als er erläuterte, welche Produkte in hiesigen Läden tatsächlich aus Neuseeland kommen. Spezielle Gürtel, einige Rohstoffe, Naturprodukte. Und natürlich Sittiche und Kiwis. Und dass der Kiwi eigentlich ein Vogel ist. Als das Dia eines Exemplars gezeigt wurde, fing einer der älteren Herren an, zu kichern.

„Ja, der Kiwi ist ein Vogel. Nach diesem Vogel werden die Neu-
seeländer bezeichnet. Die haben keinen, die sind einer", fiel
Thorsten ein. Solche Freude, solche Lebendigkeit im Publikum
hatte er bisher noch nicht erlebt. Er lief selbst zur Hochform auf.
Er fühlte einen Schwung, den er in Deutschland bisher nicht
wiedergefunden hatte. Dann passierte es. Einer der Besucher
des Vortrages fing unvermittelt an, im Versuch, einen Kiwi zu
imitieren, wie ein Huhn zu gackern. Eine der wenigen Damen
begann, Schokolade zu verteilen. Die Saalanlage des Gemein-
dehauses spielte eine Polka, auf die ein Chanson folgte. Musik
neuseeländischer Ein- und Auswanderer.

Als die ersten, ob mit oder ohne Stock, zu tanzen begannen,
kam der Küster der Gemeinde herein, da eigentlich laut Aushang
die Veranstaltung bereits um 21 Uhr 45 beendet sein sollte. Er
hatte die laute Musik von der Straße aus gehört und wollte im
Gemeindesaal die vorlauten Konfirmanden hinauswerfen, die
sich immer ohne seine Erlaubnis der Anlage bemächtigten. Was
er nun aber sah, verschlug ihm den Atem.
Als er das Licht anmachte, beschwerten sich Greise und Greisinnen lauthals, pfiffen, erschreckten den eher schüchternen
Mann. Eine rundliche Dame kam auf ihn zu, schaltete resolut
das Licht aus und überrumpelte ihn weiter, indem sie sich an
ihn schmiegte und mit ihm zum inzwischen aufgelegten Tan-
go zu tanzen begann. Der Küster wehrte sich nur kurz, begann
aber nun seinerseits, wenn auch etwas distanzierter, mitzutan-
zen. Schließlich war er glücklich verheiratet.

Nur ein Paar stand nah beieinander und tanzte nicht. Thorsten hielt sie still im Arm. Im Licht des Projektors waren ihre
Gesichter von den vorübergleitenden Schatten der Tanzen-
den flackernd beleuchtet. Um sie herum Musik, der Duft von
Mensch, von Mann und Frau, von Patschouli und – na ja – ein
warmer Umhang.

9
Wo sind die alten Tage geblieben?

Wo sind die alten Tage geblieben?

Auf diesen Tag hatten sie wohl schon lange gewartet. Jedenfalls kam es Sarah so vor, als sie tief Luft holte und mit Noemi auf dem Arm die Wohnungstür öffnete. Da standen sie in einer Reihe, einträchtig und fast ein wenig scheu, glücklicherweise aber auch etwas anders, als Sarah es sich vorher in ihrer Beunruhigung ausgemalt hatte.

Kjell deckte oben den Tisch und war gerade dabei, die Milch für den Kaffee aufzuschäumen und hastig die kleinen Flecken aus der Spüle zu wischen. Die Blumen waren frisch, freundliche Rosen in einer unverfänglichen Farbkombination.

Sarah fragte sich kurz, ob sie nicht ein wenig zu misstrauisch gewesen war ob ihrer Befürchtungen. Wie sie da so standen: Herr Klemmer, der pensionierte Polizist, der so laut geredet hatte, dass Noemi in der Mittagsstunde aufgewacht war. Die Rüttgers mit ihrem sportlichen BMW, die quasi ständig auf Reisen waren. Der Müller, der quartalsweise verschwand, und die Befürchtung, er könnte tot sein, lediglich durch Singen und Selbstgespräche bei offenem Fenster zerstreute. Heute war er offensichtlich geduscht und sehr aufgeräumt. Herr Rüttgers hielt einen Umschlag in der Hand, mit dem er eine leichte, winkende Bewegung vollzog. Seine Frau ergriff als erste das Wort.

„Alles Gute von uns allen."

Der Bann schien gebrochen. Sarah bedankte sich mit ihrem strahlendsten Lächeln. Noemi schien zu schlafen auf ihrem Arm, was dem Kind einen wohltuenden Anstrich von Aufgehobenheit in der neuen Umgebung zu verleihen vermochte.

„Kommt doch herein."

Ein idealer Sonntagnachmittag, an dem unverbindliche Freundlichkeit alle Wege offen ließ von unkompliziertem Rückzug bis zu freundlicher Nachbarschaftlichkeit.

„Ruhig bleiben", sagte Sarah stumm zu sich selbst, „Alles ist gut, hier ist alles normal und natürlich. Menschen haben Nachbarn und Nachbarn besuchen einander und das erst recht, wenn neue Nachbarn ein neues Kind geboren haben".
Sich taktvoll umschauend, gingen die Gäste an Sarah und Noemi vorbei, um über die Treppe in das obere Stockwerk des Hauses zu gelangen.

Und dann sah sie den Hund.

Kjell hatte am Vorabend ihren Stammbaum im Internet recher-
chiert. Bis 1776 konnte man zurückverfolgen, wie Generation
um Generation einen Baum unter Noemi gebaut hatte, auf dem
nun ihr kleines Blättchen fußte. Oder auf dem das kleine Vögel-
chen saß, das sich mangels schlechter Erfahrungen noch nicht
vor Katzen fürchtete.

Niemand ahnte, wie weit weg sich Sarah oft von ihr fühlte. Seitdem sie nicht mehr ins Büro ging, hatte Sarah nur noch auf Noemis Geburt hin gelebt. Immerhin drei Wochen vor dem errechneten Termin war der perfekt geplante Umzug vollbracht, der letzte Tag im Büro mit Kuchen und guten Wünschen beendet worden. Sarah, das Blatt, das vor kurzem selbst noch fröhlich im Wind hin- und hergeflattert war, würde nun ein Ast sein, verholzen, ein tragender Ast, bald selbst ein Baum. Das hätte das Glück sein sollen.

Das große, alte Bauernhaus im Westfälischen. Rosenstöcke, schon in voller Blüte. Ein Gemüsegarten und Beete, satt und voll stehend von sich gelassener Zeit und erfüllter Sorgfalt. Aber ihr war zum Kotzen, zum Heulen. Und draußen, während sie sich mit den Gästen oben an die Tafel setzte, saß geduldig der Hund.

Die Stimmung war gut, jedenfalls erzählten die Rüttgers eifrig und Herr Klemmer lachte laut, während Herr Müller gierig einen Kuchen verschlang. Kjell war immer so gewinnend, und meistens fühlte sie sich dadurch entlastet, dass er immer einen guten, unverfänglichen Witz auf den Lippen hatte. Zugewandt, intelligent, eloquent, jungenhaft, Kjell eben. Ihr Magen zog sich auf einmal zusammen, und sie entschuldigte sich, sie müsse die Kleine schlafen legen und dann noch einmal für große Mädchen verschwinden.

„Gut Ding will haben Weile, drum dabei keine Eile." Herr Müller lachte, wobei er sich ein weiteres Stück Kuchen genehmigte.

Sarah kam kaum die Treppe herunter. Nur das Kind, welches sich in ihrem Arm unendlich schwer anfühlte, ließ sie durchhalten bis zur untersten Stufe. Als sie an der Haustür vorbeigehen wollte, sah sie durch das obere runde Fenster den Hund. Ihre Knie wurden weich und zitterten leicht. Noemi schlief zum Glück weiter und musste nicht mit ansehen, wie die Schminke zu zerlaufen drohte.

Sarah gab sich einen Ruck und brachte das Kind in sein Bettchen, schaltete das Babyphone ein. Sie nutzte die Zeit, die man als Frau zum Toilettengang veranschlagen kann dazu, sich wieder herzurichten.

Ihr Spiegelbild erschreckte sie fast zu Tode. Diese Frau sah aus, als sei sie gar nicht müde. Diese Frau war nicht sie. Diese Frau war ein Bild dessen, was sie so gerne gewesen wäre, aber niemals sein würde. Sie war alles, aber nicht diese wunderbare Frau in ihrem Haus im Westfälischen.

Sie beschloss, mit dem Hund zu reden.

Kjell würde denken, dass Noemi trinken würde oder Bauchweh hätte. Er hatte sie schließlich erst kürzlich beschworen, dass sie sich mehr Freiraum nehmen solle, denn schließlich seien sie alle drei ja ein Team. Ein Team. Teamsitzungen, Teambuilding, Teamgeist, Teammanagement, Business Teams. Teamspirit, Teamchef Jogi Löw. Sie hasste dieses Wort. Es roch nach Soft Skills und Projektevaluation. Nach verordneter guter Laune und allem, was sie einst ausgemacht hatte und nun hinter sich lassen wollte. Ist doch prima. Warum war sie dann so traurig?

Die kleine, alte Holzbank, wie gemalt. Wie von klugen Werbestrategen eingekauft und zum Abfotografieren aufgestellt. Und doch eben eine kleine, schöne Bank.

Davor lag der Hund.

Ein schwarzer Hund, irgendeine Mischung mit langem Fell und ergrauten Partien um die Augen. Ein seltener Hund, so geduldig. Lag im Schatten der Mauer und schaute in den Garten. Begrüßt sie mit einem unaufdringlichen, freundlichen Wedeln. Spart bei der Begrüßung Energie. Versucht sich nicht am Teamspirit. Liegt da und freut sich ohne Mühe. Trägt einen Filzhut und hört zu. Ist einfach mitgekommen.

Sarah wusste nicht, ob er Herrn Müller gehörte oder den Rüttgers oder ob er überhaupt aus dem Westfälischen kam. West-
fälische Langhaarmischung? Sie schmunzelte. Der Hund fragte
nicht, weshalb sie so unglücklich war, und deswegen begann sie
zu erzählen. Ihre Hand fuhr über ihre Gesichtszüge. Die Musku-
latur gab die unwillkürlichen, vom Hund ausgelösten Reaktio-
nen nur widerstrebend frei. Onkel Heinz hatte so einen ähnli-
chen Hut getragen.

Der saß auch den ganzen Tag auf einer Bank und wartete, bis sie nach der Schule aus dem Bus stieg, um sich vor dem Mittagessen mit ihm zu unterhalten.

„Wo sind die alten Tage geblieben?" Damals musste sie lachen, wenn er sie das gefragt hatte. Sie stellte sich dann immer einen alten Tag vor mit einem grauen Drei-Tage-Bart, der den Hut von Onkel Heinz trug. Onkel Heinz konnte sehr gut zuhören, auch weil er wenig anderes zu tun hatte. Der Hund war eingeschlafen. Wie hatte Noemi in ihrem Arm einschlafen können? Im Arm einer Fremden.

Dann kam der Regen. Es musste Regen gewesen sein. Er kam so plötzlich, und sie trug keinen Hut, also wurde ihr Gesicht nass. Nur das Gesicht. Es wollte gar nicht aufhören. Der verdammte Regen überspülte ihr Gesicht wie die plötzliche Regenzeit den Boden einer verkarsteten Ebene. Fortgeschwemmt das Aufgetragene, die rohen Felsen, das tote Gestrüpp. Die Spuren verwundeter Tiere, wie zu Zement verhärtet. Tote Nester, vergessener Müll, Reste abgehäuteter Schlangen, alles fortgeschwemmt vom gewaltigen Regen.

Er hielt lange an.

Länger, als es dem Besuch gegenüber freundlich gewesen wäre. Man kann einfach nicht fort bei solch einem Wetter. Die Gewitter sind anscheinend höllisch im Westfälischen.

Kjell ahnte, dass es etwas auf sich hatte mit ihrer Abwesenheit. Doch er hielt durch. Außerdem wich im Obergeschoß allmählich die Etikette. Er hatte geringe Mengen Wein aufgetischt, und tatsächlich gab es erste kostbare Momente unbefangener, von der Wirkung des Weines befreiter Heiterkeit. Hätte Sarah es gesehen, es hätte ihr auch gut getan.

Um 18:44 Uhr meldete sich Noemi über das Babyphon. Als ihre Mutter hereinkommt, mit stillem und ruhigem Schritt, trägt sie einen Filzhut. Sie sieht, dass Noemi sieht, dass sie einen Filzhut trägt. Sie sieht sich durch Noemis Augen. Als würde sie sich selbst sehen, wie sie einen Filzhut trägt.

Nachdem Noemi getrunken hatte, wollte Sarah wieder zu ihren Gästen gehen. Aber noch bevor sie beginnen konnte, nach Worten der Erklärung oder Entschuldigung zu suchen, hörte sie eine Vielzahl von Schritten im oberen Stockwerk über die hölzerne Diele gehen. Die Nachbarn kamen die Treppe herunter, mit geröteten Wangen. Herr Müller schwankte sogar leicht. Sie bemerkten dennoch intuitiv, dass irgendetwas anders war an Sarah. Ihr gegenüber leicht befangen, begannen die Gäste sich zu verabschieden.

Frau Rüttgers erzählte noch von der Zeit, als sie ihr erstes Kind bekommen hatten, und wie sich auf einmal alles verändert hatte. Wie verrückt ihnen die Welt auf einmal vorgekommen war, und wie verrückt sie auf einmal selbst gewesen waren. „Aber Humor, liebe Sarah, Humor habt ihr ja. Und den werdet ihr bestimmt noch brauchen."

„Prost Mahlzeit, wenn die Pubertät kommt", tönte der Klemmer. Draußen war der Hund schon verschwunden.

„Schöner Hut", sagte Herr Müller, als er sich artig verabschiedete.

„Schönen Sonntag!", rief Kjell den Nachbarn hinterher, welche winkend hinter der Hecke verschwanden.
Kjell schaute sie schuldbewusst an.

„Hättest Du mich gebraucht mit der Kleinen?" „Nein, ist schon okay." Als er hoch gehen wollte, um das Geschirr aufzuräumen, hielt Sarah ihn zurück und nahm in an die Hand. Die Kleine schlief wieder friedlich auf ihrem Arm. Sanft und langsam, ohne zu viel Kraft zu verwenden, führte sie Kjell zur hölzernen Bank, so dass sie sich hinsetzen konnten.

Zum ersten Mal seit ihrem Einzug hörte sie die Tagschicht der Vögel zur Ruhe kommen.

Sarah kraulte sein Haar, wie damals, als sie sich kennen gelernt hatten. Kjell atmete tief durch und legte seinen Kopf auf ihren Schoß.

„Sarah?"

Sie schloss die Augen, während sie den Abend einsogen.

„Ja?"

„Magst Du eigentlich Hunde?"

10
Bickenberries Kreuzung

Bickenberries Kreuzung

Bickenberry pflegte seinen Gang wie seine Hosen. Als studierter Anwalt kaufte und verkaufte er nun Häuser, und sein untrügliches Gefühl für die Form kam ihm dabei nicht selten zugute.

Hier, in dieser ländlichen Gegend, sollte es daher nur eine kleine Herausforderung für ihn sein, dass sein Navigationsgerät weder den direkten noch den optimalen Weg so wiedergeben konnte, dass er das zu begutachtende Anwesen rechtzeitig hätte erreichen können.

Zumal er es nicht leiden konnte, selbst zu einem Termin zu spät zu erscheinen. Sich selbst etwas zu verzeihen, gehörte nicht zu seinen Stärken. Die schwach besiedelte Ebene weit hinter der Stadt gab zwar den Blick zwischen den Himmelsrichtungen frei, ließ aber ob der komplett fehlenden Beschilderung nicht erahnen, wie er überhaupt nach Winston hätte gelangen können. Den Ortsnamen Winston hatte er bis hierhin noch nie gehört, und er würde den Namen wohl auch bald wieder aus seinem Gedächtnis streichen können.

Er parkte seinen Wagen an der ersten Kreuzung, an der ein Fehler in der Navigation zumindest theoretisch möglich gewesen wäre. Glücklicherweise befand sich an eben dieser Kreuzung jemand, genauer gesagt eine nicht mehr ganz junge Frau mit einem Spazierstock. Ihr altmodisches Kleid und das streng zurück gestraffte Haar ließen ihn vermuten, dass sie von hier kommen müsste und ihm somit würde dienlich sein können. Bickenberry konnte, wenn er wollte, sehr gut mit den unterschiedlichsten Arten von Menschen umgehen. Nicht nur, weil sein Beruf es erforderte, sondern auch, weil er eigentlich die meisten Menschen nicht leiden konnte und sie so umso genauer studierte, um keine größeren Schwierigkeiten zu bekommen. Aber das war ein Thema, das er selbst nach Feierabend mit nützlichen gesellschaftlichen Verpflichtungen nicht aufkommen zu lassen vermochte. Er ging frischen Schrittes und doch nicht zu schnell auf die Frau zu, denn er wollte auf keinen Fall bedrohlich wirken. Er beschloss, sie zunächst im Jargon dieser Gegend zu bedenken, um ihr Vertrauen zu gewinnen und somit möglichst schnell zu seinem Termin zu kommen. Der einzige in der Gegend sichtbare Baum spendete währenddessen seinem Wagen Schatten, für den Fall, dass es doch etwas länger dauern würde. Es war ihm immer sehr unangenehm, wenn der Wagen sich zu sehr aufheizte und dadurch zu viel Energie durch die Klimaanlage verbraucht werden würde. Schließlich war ja jeder Mensch auf seine Weise verantwortlich für die Schöpfung. Und für die Kosten.

„Da oben", sagte die Frau, womit sie Bickenberry erschreckte, auch, weil er nicht damit gerechnet hatte, dass die sie ihn so unvermittelt ansprechen und zum Himmel zeigen würde.

„Da oben ist er." Bickenberry räusperte sich, schon wieder guten Willens, sich der Situation konstruktiv zu stellen.

„Madam, entschuldigen sie bitte, wenn ich sie bei einer wichtigen Sache unterbrechen sollte. Aber mein Navigationsgerät hat offenbar seinen viel versprechenden Preis nicht rechtfertigen können und mich ausgerechnet in dieser vorzüglichen Gegend im Stich gelassen.

Ich wäre ihnen sehr verbunden, wenn ich ihnen in dem Zusammenhang eine Frage stellen dürfte, deren Beantwortung mich die Schönheit ihrer Landschaft wieder unbelasteter und unbefangener aufnehmen lassen würde. Denn leider habe ich ein Ziel, und bei aller Qualität des Weges selbst, der mich immerhin hierhin geführt hat, würde ich selbiges doch sehr gerne zügig erreichen. Zumal ich nicht unbescheiden anmerken möchte, dass ich in einer dringenden Sache erwartet werde."

„Da oben ist er, und er kommt nicht runter."

Bickenberry atmete tief durch und sah ein, dass er auf ihre geheimnisvollen Aussagen würde eingehen müssen.

„Tatsächlich, Madam? Seit wann ist er denn da oben?"

Er kam sich ein wenig schäbig vor, freute sich zugleich aber auch über seinen eigenen Wortwitz, der ihn unter normalen Umständen ohne Umschweife direkt auf ihre Ebene gebracht hätte.

„Seit ein paar Tagen, seitdem diese Schweinerei raus ist. Ach Du lieber Gott ..."

Gott … befand sie sich inmitten eines religiösen Wahns? In dem Fall würde sie ihm wohl nicht nützlich sein können.

„Und sie möchten gerne, dass er wieder runterkommt?", fügte er wenig motiviert hinzu. Die Frau sah ihn nun unvermittelt an mit erhobenen Augenbrauen, wobei sich ihre Stirn eindrucksvoll runzelte.

„Ich möchte ihn davor bewahren, nun seinerseits Schaden anzurichten. Sehen sie, ich kann ihn sehen."

Bickenberry war nahe daran, abzulassen. Aber nun packte ihn sein alter Ehrgeiz. Der Ehrgeiz, der ihn nie richtig losließ, der schnell zu einem Drang, zu einem Zwang anschwellen konnte. Wenn Situationen ausweglos zu erscheinen begannen. Das war ein äußerst nützliches Überbleibsel aus seiner Zeit als Rechtsanwalt. Sie nannten ihn den Terrier seinerzeit, und über Jahre hinweg war er auch der Terrier gewesen, und eigentlich sogar mehr. Er war ein Kampfhund. Plötzlich und ohne zu zögern biss er zu und ließ nie wieder los.

„Vielleicht könnte ich ihnen ja helfen, so wie sie mir helfen könnten. Ich helfe ihnen, ihn da herunterzuholen, und sie sagen mir den Weg nach Winston."

Bumm!

Bickenberry fuhr erschrocken herum. Sein Wagen. Um Himmels Willen! Etwas war auf die Kühlerhaube des Wagens geknallt.

„Hey, Vorsicht, verdammt noch einmal! Verdammte Scheiße, verfluchte!" „Nicht fluchen, er kann uns hören", schaltete sich die Frau wieder ein. Bickenberry hatte schon lange nicht mehr derart die Contenance verloren.

„Der hört nichts, der sieht nichts, der verarscht uns nur!"

Die Frau sah ihn tadelnd an.

„Sie sind ein fürchterliches Vorbild."

Inzwischen war er beim Auto angelangt und begutachtete die dicke Beule auf ungefährer Höhe des Beifahrersitzes, kurz vor dem Fenster, nah an den Lüftungsschlitzen des Wagens. Um die Delle herum war etwas Schmieriges und Weißes zu erkennen, das ihn entfernt an Rasierschaum erinnerte.

Neben dem Wagen fand er vor, was von irgendwo her auf sein
Auto geworfen worden war. Eine Sahnetorte auf einem schweren Metalltablett. Das Tablett musste seitlich aufgeschlagen
sein, so dass der Großteil der Torte sich neben dem Wagen über
den Straßenrand verteilt hatte. In etwa um die Stelle herum, auf
der das Geschoß schlussendlich gelandet und zur zweifelhaften
Ruhe gekommen war, befand sich um eine beträchtliche Beule

herum der Hauptteil der in zwei Schichten aufgetragenen Sahne und zwei Kirschen.

Gott hatte mit einer Sahnetorte nach ihm geworfen. Bickenberry schaute nun doch hoch, aber anstelle von Gottes Antlitz sah er die Krone des dicht belaubten Baumes. Zwischen den Ästen konnte er eine kleine Gestalt ausmachen, aber bevor er Genaueres erkennen konnte, sah er etwas auf sich zukommen. Ein kurzer, heißer Schmerz schoss ihm stechend wie ein Blitz in die Stirn und sein rechtes Auge. Er taumelte und sah mit dem linken Auge, dass der Horizont sich zu neigen begann und zu einer Steigung kippte. Oder war es ein Gefälle? Noch während er grübelte, in welcher verfluchten Himmelsrichtung die Stadt liegen würde, landete er mit dem Rücken auf dem Gras am Straßenrand.

Sein Blick ging in Richtung des fast wolkenlosen Himmels, bevor er sich endgültig in einer schwarzen Nacht verlor.

Der Schmerz kam noch vor dem Bewusstsein zurück, und zumal er schon als Kind sehr wehleidig gegenüber körperlichen Gebrechen gewesen war, war er nun überrascht, dass er nicht heulte, obwohl ihm sehr danach zumute war.

„Du bist ein Terrier!", wollte er sich mit heiserer Stimme Mut zusprechen.

„Nein", antwortete eine laute Kinderstimme.

„Ich bin Sindbad Aladin, und du bist mein Gefangener!"

Sein rechtes Auge war stark angeschwollen, und er konnte darauf fast nichts und nur sehr verschwommen sehen. Als er den Kopf mit einem leisen Stöhnen nach rechts drehte, sah er, dass neben ihm die Frau stand und mitleidig zu ihm herabsah. Neben der Frau stand ein halbwüchsiger Junge. Er trug kurze, abgeschnittene Jeans und ein blaues, verschmutztes T-Shirt.

„Ich habe Dir aufgelauert."

„Ach was." Er wollte aufstehen und dem Rotzlöffel die Hammelbeine lang ziehen. Aber dabei bemerkte er, dass er gefesselt war.

„Wir sind Wegelagerer", fuhr der Junge unbeirrt fort.

Einem Instinkt zufolge wendete sich Bickenberry der Frau zu. „Na, dann ist er ja jetzt heruntergekommen. Schön, oder?"

„Nein", antwortete die Frau.

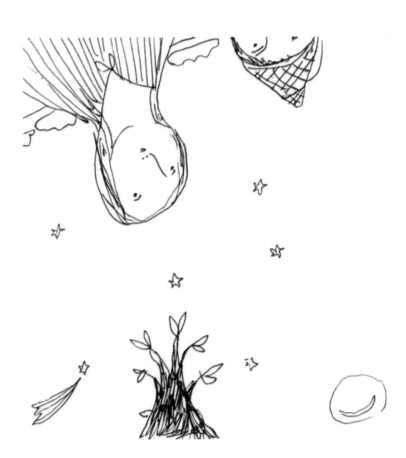

„Gar nicht schön. Oder finden sie schön, was hier passiert?"

Er schüttelte den Kopf. Sindbad Aladin beugte sich über ihn. „Das ist unser Land. Und Du hast hier nichts verloren!"

Bickenberry wurde unruhig. Die Gedanken in seinem Kopf kreisten. „Und was soll ich deiner Meinung nach tun? Wie kann ich den großen Indianer besänftigen?

Im Auto habe ich Schokolade, die kann ich dir gerne holen."

„Ich bin kein Indianer!" Der Junge wurde rot vor Zorn im Gesicht. „Ich bin Wegelagerer. Und außerdem haben wir Torte, wie Du Schuft bereits bemerkt haben solltest."

Bickenberry verließ endgültig der Mut.

„In Ordnung, lieber, guter, Wegelagerer. Was kann ich tun, damit ihr mich am Leben lasst?"

„Nichts." Der Junge entschwand seinem Blickfeld. Die alte Frau beugte sich über ihn, schaute zu ihm herunter und seufzte. „Schade."

Nun fing Bickenberry tatsächlich an zu weinen. Niemand erwartete ihn in der Stadt. Vor Montag würde auch im Büro niemand nach ihm fragen, zumal die freien Mitarbeiter die meisten Aufträge selbstständig und in Eigenregie abwickeln durften. Der Terrier winselte und war über den Umweg einer Ratte zu zur Maus geworden. Zum Käfer, zur Assel, zur Made. Fruchtfliegenmade. Er war sich sicher, dass er nun sterben müsste.

Wie er so da lag und winselte, begannen der Junge und die alte Frau die nennenswerten Reste des Kuchens zu essen. Ein etwas größeres Bruchstück wurde mit einer Kerze geschmückt. Dies sah sehr gemütlich aus, zumal es inzwischen dämmerte und der Sommertag noch immer einigermaßen windstill ausklang. Eine Lerche stand in der Luft und verabschiedete sich, so kam es ihm vor, von Bickenberry. Die ersten Sterne wurden sichtbar in der Dämmerung. Der Junge wandte sich ihm wieder zu. Ein Stück Sahne klebte ihm am Kinn.

„Ich habe heute Geburtstag."

„Glückwunsch, mein Junge." „Danke", erwiderte der Junge. „Ich nehme meine Geschenke immer mit auf meinen Baum. Es ist der höchste Baum von ganz Winston."

Bickenberry konnte sich nicht so recht daran freuen, dass er Winston nun wohl doch gefunden hatte und vielmehr die ganze Zeit schon in Winston gewesen war.

„Der Junge nimmt immer alles mit hoch, und meistens fällt es irgendwann herunter."

Bickenberry ahnte, dass es nun wohl endgültig ans Sterben gehen, er nun von Sindbad Aladin eliminiert werden würde.

„Die Sachen nimmt der Kleine heute alle mit auf den Baum, weil er bald kein Zimmer mehr haben wird. Ich übrigens auch nicht. Unser schönes Haus soll verkauft werden, und wir müssen raus."

Bickenberry sah keinen Zusammenhang in den Worten der Frau, die ihm wieder wie ein einziges Rätsel vorkam.

„Dort soll ein Hotel gebaut werden, können Sie sich das vorstellen? Wegen der ruhigen Lage. Wir werden dann hier auf dem Baum wohnen. Wir sind dann die einzigen Leute, die man von hier aus nach dem Weg zu dem Hotel fragen kann. Traurig, dann werden noch mehr Leute zu schaden kommen. Traurig und eigentlich komplett unnötig."

Bumm! Ein harter Gegenstand krachte auf das Autodach und landete dann auf der Straße. Es war ein großes Matchboxauto aus Metall.

„Wir haben alle möglichen Spielsachen da oben", erklärte die Frau. Neben ihm, ganz knapp neben seinem Kopf, schlug das nächste Auto ein. Bickenberry schrie vor Angst. Die Frau redete weiter.

„Er hat sich nur ein einziges Geschenk gewünscht zu seinem Geburtstag, so ein lieber Junge. Keine Autos, keine Torte, auch sonst nichts. Außer, dass wir hier bleiben können. Unser Grundstück, in dieser gottverlassenen Gegend. Wir hätten es ja gekauft. Fremde fürchten sich hier manchmal, denn die Leute hier sind ja doch merkwürdig. Ach schade, es wäre so ein schönes Geschenk gewesen. Und gar nicht teuer. Alles bliebe einfach, wie es ist. Armer Junge ..."

Bickenberry verstand.

„Sie haben recht. Diese Gegend ist augenscheinlich für ein Hotel ungeeignet."

Oberflächlich erfasste ihn der geschäftsmäßige Eifer.

„Infrastrukturell unzureichend angebunden. Ein Groschengrab." Da mischte sich der Junge wieder ein.

„Ich will aber auf dem Baum wohnen bleiben!"

„Du bist jetzt still, David". David schmollte und warf noch ein Auto herunter, das den linken Rückspiegel von Bickenberrys Wagen zerschlug. Bickenberry lag es fern, zu schimpfen oder sich zu beschweren. Er wollte nur noch lebendig diesen Ort verlassen. Der Rest ist schnell erzählt.

Bickenberry erklärte der Frau, welche Formulare aus seinem Aktenkoffer sie wie auszufüllen hätte. Er war ein wenig überrascht, wie gut sie sich in Eigentumsrecht auskannte. Er verkniff sich aber jede in diese Richtung gehende Frage. Es war jedenfalls ein nicht gerade Gewinn bringendes Geschäft, unter das er mit zittriger Hand seine Unterschrift setzte.

Eine gute Stunde später fuhr einäugig ein ziemlich angeschlagener Wagen durch die nachtschwarze Ebene vor der großen Stadt. Keine Musik lief, oft hielt der Wagen unvermittelt am Straßenrand an. Im Wagen saß ein verstörter Mann, der in der nächsten Zeit wohl zum zweiten Male den Beruf wechseln würde.

Einige Kilometer entfernt, in der Krone eines Baumes, schlief zufrieden ein kleiner Junge.

11
Halbe Zauberei

Halbe Zauberei

„Jetzt aber, zaubern wir."

Ein Versprechen, das es einzulösen galt, und das auch einzulösen war. Die Freifläche am Fluss, die über die Wiesen aufgestellten Fackeln und Kerzen, der Planwagen, die kleinen Buden, die tagsüber noch bunt und winzig gewirkt hatten.

Nun bekam alles ein Versprechen eingehaucht in der windlosen Frühlingsnacht. Schon seit einer Weile spielte die Drehleier einen musikalischen Vorhang, der sich umso mehr öffnete, wie sich die Ohren in diese Nacht voran zu tasten vermochten.

Wer mit so wenig Spektakulärem mit solcher Überzeugung so viel versprechen kann ... der ist schon dankbar für die regenlose Zeit, für die zufällig verirrten oder sogar aufgrund der schmalen Plakatierung eingetroffenen Gäste und Zuschauer. Willkommener kann ein Spaziergänger nicht sein als in genau dieser Nacht und an genau diesem Ort. Womöglich ist ein Ankömmling zunächst noch aufgeschreckt von der alltäglichen Eile, den ständig aufgepumpten Erwartungen an sich, das Leben, die Liebe.

Hier war es lediglich der Schein der Fackeln, in der William, der Zauberer, auftreten sollte. Niemand hatte je von William, dem Zauberer, gehört, und im Falle eines Wiedersehens würden die meisten wohl vergessen haben, dass er es gewesen war, der ihnen diese schönen und anrührend einfachen und fast vergessenen Kunststücke in Erinnerung gerufen hatte.

„Meine Damen und Herren, ein mächtiges Handgeklapper für William, den Zauberer!"

Renate konnte nur noch halb sehen.

Nicht, weil sie etwa halb blind gewesen wäre, wie die meisten ihrer Altersgenossen hier. Es war der hoch liegende Fensterrahmen in Kombination mit der immer weiter in den Rollstuhl einsinkenden Körperlichkeit.

„Der Rahmen wächst über uns hinaus ... Mehr als ein Sinnbild der heutigen Zeit. Aber das auch."

Kaum einer der anderen Greise und Greisinnen, Mumien, wie sie sie nannte, hätte wohl den Wortsinn entschlüsseln können auf der geriatrischen Station. Ihr war es recht und gleich. Herr von Ahlen war inzwischen bettlägerig geworden, und sie wollte es ihm und sich nicht antun, extra den für sie mittlerweile recht weiten Weg auf sich zu nehmen, um ihm eigentlich spontane Gedanken zu übermitteln. Er hasste jede bemühte Geste des Entgegenkommens oder gar des Mitleids. Also schrieben sie sich, obwohl keine 50 Meter Luftlinie voneinander entfernt, lieber Briefe, die würdevoll den Weg über das Postamt zum geschätzten Gegenüber fanden.

„Diese Wolke hinter meinem Fenster ist nur noch halb, mein lieber von Ahlen. Und ob es die bessere Hälfte ist, die fehlt, kann ich aus meiner mir noch verbliebenen Perspektive aus, sei es geklagt oder geduldet, nicht mehr ermessen."

„Jedenfalls erhebe ich mein bruchsicheres Mumienglas auf Sie. Hatte ich schon erwähnt, dass heute mein Geburtstag gewesen wäre? Es stimmt mich zu meiner eigenen Überraschung weder froh noch melancholisch. Diese Zahlen sagen mir jedenfalls nichts mehr mit halbem Himmel.

Draußen scheint etwas vor sich zu gehen. Es wird wohl ein Rummel sein. Ich denke, es wird Abend. Ja, das wird es sein. Nun, noch ist meine Stirn höher als mein Haupt, daher nehme ich an, dass es noch ein Draußen gibt. Aber der Himmel heute, mein lieber von Ahlen. Der ist zauberhaft. Ich möchte Ihnen nicht verheimlichen, dass gerade genau die Sterne, die mir zu sehen vergönnt sind, ein vormals unbekanntes Sternzeichen darzustellen scheinen. Vielleicht das Sternzeichen eines heute geborenen Menschen.“

„Wo ist die Kugel, meine Damen und Herren, liebe Kinder, wo ist sie?“

Der Junge zeigte auf Williams linke Seite.

„Sehr gut geraten, mein Lieber. Vortrefflich beobachtet. Aber leider falsch.“

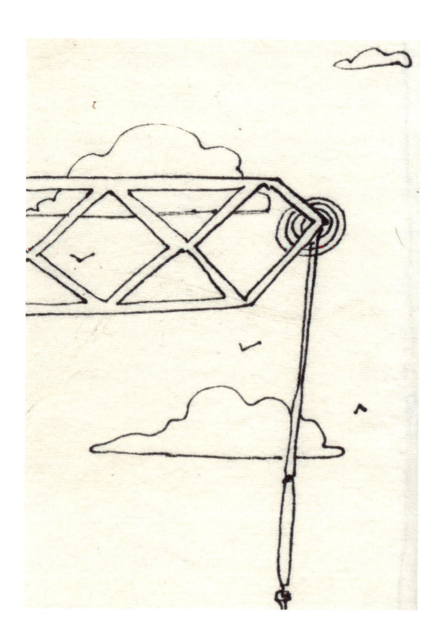

Nachtschicht auf der Großbaustelle am Stadtrand. Er, der die Lichter des leisen, aber äußerst effektiven Krans und die unten daran anhängenden Bauteile und Schwerlasten lenkte, hasste es, am Wochenende arbeiten zu müssen. Sie waren im Rückstand. Es ging um Millionen, um Versicherungssummen, um vertraglich vereinbart fertig zu stellende Bauabschnitte. Denen geht es nicht darum, ob er Zeit mit seinem Sohn verbringen kann, oder nicht. Zum Kotzen, auf Deinen Job warten Dutzende, und nicht wenige könnten besser sein als Du. Arme Schweine aus dem Osten. Und das natürlich zu geringeren Bezügen. Irgendwann würde er einmal einen Stahlträger, eine Fertigwand, irgend eine schwere Ladung auf den Mercedes des Bauleiters fallen lassen. Ein Arsch sein zu müssen, so ist das Leben. Ein Arsch sein zu wollen, ist eine Todsünde. Was soll's, da er schließlich gläubig war, machte ihm das Neue Testament ohnehin einen Strich durch die gemachte Rechnung. Wie konnte er nur so weit oben und zugleich so weit entfernt sein von allem Göttlichen. Als Junge wollte er immer nur hier oben sein, genau hier oben. Heute wollte er nur noch runter pinkeln.

„Die Sterne, meine lieber von Ahlen. Sie bewegen sich. Sie denken wohl, nun ist die alte Mumie endgültig übergeschnappt.
Und wahrscheinlich haben Sie recht. Ich muss herzlich lachen
darüber. Ich wünsche mir ganz ehrlich, sie mögen noch nicht
gestorben sein, um in ihrem Hier und Jetzt genau diese, meine
Zeilen lesen zu können. Und jetzt die Offenbarung: Ich fanta-
siere mir hier den leibhaften Merlin aus der Artussage an den
Himmel. Sie werden es nicht glauben, sein Arm aus Sternen hat
sich bewegt und mir sogar zugewunken.“

„Und wie ein Merlin heutzutage zu sein hat, hat er sogar einen Sponsoren, dessen Namen er als Schriftzug auf dem Ärmel trägt. „Hoch und Tief". Wie das Leben, der Merlin weiß Bescheid. Diese Welt, mein lieber von Ahlen, ist, auch wenn sie nur halb zu sein scheint, zum Sterben komisch und doch so schön. Wie ein Stummfilm ohne Untertitel manchmal. Ich wollte Ihnen noch danken. Wer weiß, ob dieser Brief schon der letzte ist, der Sie erreicht, wo der weise Merlin am Himmel steht und einer besoffenen Mumie zuwinkt, die mit ihm ihren Geburtstag feiert. Und mit Ihnen natürlich."

Er war unkonzentriert gewesen. Wo war er denn bloß mit seinen Gedanken? Er bemerkte, dass er zu sich selbst mit den Worten des Bauleiters gesprochen hatte. Du meine Güte. Wenn es das war, dann war es das eben. Ja, dann war es das. Mit einem beherzten Schwenken des Krans hatte er eine der großen Leitungen erwischt. Ja, Stille. Schicht im Schacht. Ende Gelände. Licht aus. Wie gut das Dunkel tat. Über ihm traten die Sterne hervor. Er dachte an seinen Sohn. So klar, hier über den Fabrikgebäuden. Hier oben hörte er jetzt den Bauleiter nicht mehr, nicht mal im Kopf. Es war sein Abend.

„Du bist ein Glückspilz, mein Lieber." Der Junge strahlte. Er hatte eine Papierblume aus Plastik gewonnen. William hatte das geschickt eingeleitet, und war programmgemäß und zur Freude aller selbst am Ende der dumme August gewesen.

Als bald darauf die Spielleute und Gaukler mit der Musik anfingen, saß der Junge mit leuchtenden Augen im Publikum. Dieses Ding, das wusste er, würde er seinem Vater schenken. Der ärgerte sich doch immer darüber, dass er so viel Arbeiten musste. Das würde ihn bestimmt aufmuntern. Im Seniorenheim gegenüber gingen auf einmal alle Lichter aus. Rufe waren zu hören. Aus der Ferne näherte sich ein Krankenwagen. Aber umso heller brannten die Fackeln und Kerzen. Man konnte jetzt alles sehen. Der Zauberer winkte ihm zu, in diesem Moment, nur ihm.

Heute ist alles gut.

12
Ufer

Ufer

Friedlich leckt das Ostseewasser an allem, was so da liegt am Saum. Umspielt mit feinen Krönchen von Schaum die Steine, die an den überspülten Stellen kräftig leuchten in der Sonne. Bläulich, an den kalkigen Stellen weiß, halb umschlossen vom groben, schweren Sand. Schwer. Schwer und warm wie der Tag, der erleichtert den salzigen Wind entgegennimmt, der von seewärts her etwas Frische bringt. Es ebbt, und der Rand der beweglichen Dinge liegt einige Meter landeinwärts. Gegilbtes Styropor ruht friedlich neben Bruchstücken von Schwemmholz, rostigen Getränkedosen. Es riecht nach Tang und die Sonne lädt die Spaziergänger dazu ein, sich Bernstein zu wünschen.

Barfuß und Halbschuh nebeneinander, Vater und Sohn. Die Fußabdrücke des Sohnes waren groß, größer als die des Vaters, zeichneten sich tiefer ein in den Grund. Die Schritte des Vaters waren in ebenmäßigen Abdrücken in den Sand gelassen, wobei es Unterschiede gab im Tempo des Ganges und in der Intensität des Auftretens. Der Vater sah nicht mehr so gut, und die Zeiten, in denen es ihn gereizt hätte, barfuß zu gehen, lagen ein Menschenleben hinter ihm. Selten machte er sich Gedanken über solche Fragen dieser Tage, zumal heute die Gelegenheit war, mit seinem Sohn über die Zukunft zu sprechen.

Sie hatten den Vormittag damit verbracht, den Garten des Sommerhauses auf Vordermann zu bringen. Das Brennholz für den Winter wurde angefahren, und Kjell schlug es, während sein Vater die Scheite aufhob und in die Schubkarre stapelte.

Das Praktische war stets ihre Gemeinsamkeit gewesen. Ein sicherer Rahmen, in dem man sich mögen konnte, ohne einander weh zu tun. Jetzt aber war die Arbeit getan und der Mercedes stand am Ende des Wirtschaftsweges, der so nah am Ufer zugleich als Wendeplatz nutzbar war. Die Befangenheit kam erst auf, als ihnen klar wurde, dass es heute keinen Bernstein zu finden geben würde. Die Tide war zu schwach gewesen, der wilde Atem des Meeres war auf Sommerruhe heruntergefahren, und sie wussten wohl, dass der Bernstein ein Geschenk des Herbstes bleiben würde, wie so vieles. Im nächsten Herbst würden sie mit Sicherheit nicht mehr hier sein.

Auch mit viel gutem Mut und Optimismus dachte keiner von ihnen an den nächsten Urlaub während der Herbstferien. Überhaupt spielte so etwas wie Ferien zu haben eine vergleichsweise untergeordnete Rolle, weil sie zu bedenken anfingen, wie es Mutter schon heute ging.

„Was man nicht ändern kann, kann man nur hinnehmen. Das Beste aus etwas zu machen, was schlecht ist, kann man sich doch sparen. Am Ende ist noch immer einer schuld gewesen, und der Psychologe kriegt sein Honorar. Oder der Herr Pfarrer seinen Bonus da oben."
Da gab es keine Diskussionen und schon gar keine Widerrede. Damals, als er in der Schule so schwach gewesen war, weil er sich nicht konzentrieren konnte. Als die Tabletten nicht halfen und Kjell sich schämte, weil Mama wegen ihm weinte. Vater verschaffte ihm die Lehre, und das half. Mama aber blieb traurig.

Das war lange her und alle hatten Sicherheit darin gefunden, sich in den Ferien im Sommerhaus zu sehen und Karten zu spielen, Scrabble oder Yatzy. Tagsüber dann zumindest im Herbst oft Bernstein. Kjell sammelte Muscheln damals, die weder schön noch selten waren. Aber er zeigte sie Mama, die sie wundervoll fand.

Der Vater ging wieder schneller, und Kjell hielt es nicht mehr aus.

„Jetzt bleib doch mal stehen!"
Die Verwunderung, die ihm entgegenschlug, war Kjell sehr unangenehm. Unangenehmer, als es ein Vorwurf gewesen wäre. Sein Vater blieb tatsächlich stehen.

„Ich fahre morgen zurück, das weißt Du. Wir können es ja nicht einfach tot schweigen. Wie geht es Dir, was denkst Du? Denkst Du überhaupt irgendetwas, oder läufst Du nur?"

„Ich habe Deine Mutter immer respektiert. Es ist nicht in Ordnung, so von Dir behandelt zu werden."

Kjell atmete tief durch. Es würde nicht einfach so weitergehen diesmal, und er spürte, dass er morgen nicht würde fahren können. Vaters kräftige Hände, Turnerhände. Hände eines Ingenieurs, Hände eines Mannes, der einen Garten umgräbt, ohne eine Pause zu brauchen. Geöffnete Hände, müde Hände, herabhängende Hände. Sie hatten ihn einmal an die Hand genommen, beim Weg über die befahrene Straße, beim Weg in die neue Schule oder zu dem Jungen, der sein Fahrrad kaputt gemacht hatte. Gerne hätte Kjell jetzt die Hand des Vaters in die seine genommen. Aber er wusste selbst nicht den Weg über die Straße oder ob es überhaupt eine Straße war.

Er erinnerte sich daran, dass Mama beim Abschied die Bernsteinkette getragen hatte, die sie in diesem Moment vermutlich auch trug, während sie ihre Mahlzeiten im Krankenhaus zu sich nimmt. Die Bernsteinkette würde zuoberst auf der Kleidung liegen bei den Untersuchungen, den Anwendungen oder beim Röntgen.

„Wenn ich im Herbst zu Euch komme, dann möchte ich, dass Du ein Loch machst für Claudias Bernsteinanhänger. Die Juweliere bei uns haben alle keine Ahnung, und viel zu teuer sind sie auch." Der Vater schaute ihm ruhig in die Augen.

„Jetzt bin ich stehen geblieben, und Du läufst weiter, Kjell." Er hatte recht, und Kjell fühlte sich wieder klein und dumm, mit dem Unterschied, dass er jetzt nicht zur Mama laufen würde.

„Du bist nicht schuld, ich bin nicht schuld, Mama ist nicht schuld, niemand ist schuld. Das ist gar nicht wichtig, kapierst Du das vielleicht mal?"

„Ich habe mich nie wichtig genommen. Wenn es ein Problem gab, dann habe ich versucht, es zu lösen, das wirst doch sogar Du mitbekommen haben, oder?"

Kjells Hals schwoll an, sein Herz pochte und er bekam feuchte Hände.

„Ich nehme Dich aber wichtig, ob Du willst oder nicht. Ich bin Dein Sohn, ob Du willst, oder nicht. Und ich sage Dir, dass es hier um das Ende geht. Keine praktische Lösung, kein Bauplan, kein Kraftakt. Ende, Aus, Finito, Beerdigung, zu Erde werden, lange haben wir nicht mehr, Scheiße, noch einmal."

„Wir sterben doch schon, kannst es wohl nicht abwarten!" Beide schrien. Brüllten, wie sie noch nie gebrüllt hatten. Ein Austernfischer flog auf. Sein Ruf ging ihnen weit raus. Ging über die beiden Männer und ihre beiden Stimmen. Verlor sich in Richtung der vorgelagerten Insel.

Im Wagen ist es still. Beide Männer tragen Schuhe. Die Abend-
sonne zeichnet den Schatten des Wagens auf die Felder. Als sie
am Sommerhaus ankommen, inspizieren sie unschlüssig den
Grillplatz. Holz ist genug da.
Es dämmert bereits. Und sie einigen sich wortlos auf ein offenes
Feuer.

13
Valentinstag

Valentinstag

Jemandem ein schönes, langes Leben zu wünschen, das klang für ihn, naja, irgendwie undeutsch. Nicht, dass er jemals Wert darauf gelegt hätte, dass etwas deutsch oder nicht undeutsch zu klingen hätte. Ihm kam lediglich der Gedanke in dem Moment, als die Frau ihm die Wasserflasche hin gehalten hatte mit der Bitte, sie für sie zu öffnen.

Zuvor hatte er schon eine ganze Weile auf die Anzeige am Bahnsteig gestarrt, gedankenleer. Der Zug nach Interlaken würde entfallen, und er stand immer noch am Gleis, das nun wohl das falsche Gleis war und zur falschen Zeit.

Wie schnell sich alles änderte. Auch noch mit vierzig.

Es war an sich keine große Sache gewesen. Der Zug kostete ihn nichts, er konnte auf Firmenkosten „so viel hin- und herdonnern, wie er wollte", so hieß es jedenfalls von Seiten der Personalleitung bei der Einstellung vor einigen Jahren.

„Danke. Ich wünsche Ihnen ein schönes, langes Leben."

Sowohl der slawische Akzent der Mittvierzigerin, als auch der Inhalt der Worte lenkten seine Gedanken unwillkürlich zu den offenen Fragen. Wer er im Moment zu sein vorgab. Und woher er vermeintlich zu kommen schien. Ein langes, schönes Leben. Das klang so einfach.

Auf etwas zurück zu blicken, wird in unseren Breiten schnell dazu benutzt, auf etwas herab zu schauen. Oder zumindest Wertungen abzugeben, die mit etwas abschließen und ein Statement abgeben, als wäre es ein digitales „like".

Schön ist die Jugend, sie kommt nicht mehr. Flüchtlinge rein, Asylanten raus. Die zwanzig Jahre mit ihr waren die Hölle: Vergeudete Zeit. Oder Gott sei Dank bin ich dort, wo ich heute bin. Oder so etwas würde ich mich heute nicht mehr trauen. Lauter Stimmen von Leuten, die sich offenbar angestrengt selbst zuhören aus lauter Angst, sie könnten missverstanden werden oder noch schlimmer: sich selbst missverstehen und aus der Hand geben. Auf der Bank neben ihm sitzt nämlich auch ein Vater. Der seiner Tochter in einer langen Folge von Witzen die Welt erklärbar und für ihn selbst freundlich halten will. Sie hält einen Ballon in der Hand, den sie anschaut, durch ihn hindurch schaut. Der Vater klebt am Ballon. Du bist ja noch jung, wie herrlich, schau so ein schöner Ballon.

Vierzig Jahre Gleise wechseln, auf den richtigen Zug umsteigen, der Dich immer zum aktuellen Ziel bringt. Und doch fühlte es sich jetzt eben an wie das Treffen mit der immer gleichen Geliebten, nur an wechselnden Orten und in wechselnden Zeiten und mit wechselnden Menschen. Die Frau mit dem Akzent eben hatte wahrscheinlich Gicht gehabt oder Arthrose, das hatte er am Händedruck gemerkt. Und war doch kaum älter gewesen als er selbst. Es schien sie nicht zu stören, ihn um Hilfe bitten zu müssen. Es war kein Geheimnis in ihren Worten gewesen und kein Statement in ihrer Frage, einfach eine schlichte Bitte. Und genau das tat ihm so wohl.

Er setzte sich auf eine Bank, ohne auf die Durchsagen zu hören. Ohne auf der Anzeigentafel nach der nächsten Verbindung zu schauen. Ohne Vergünstigung oder prozentuale Regresszahlung der Bahn zu erfragen ob des verpassten Termins in der Schweiz. Der Vater auf der Bank nebenan beendete die wohltuende Redepause, und Valentin konnte sich jetzt nicht mehr davon abhalten, hinüber zu schauen. Die Tochter des Mannes war etwa sechs Jahre alt.

Sie hatte noch immer den Ballon in der Hand und schaute zu ihm hinüber. Normalerweise war es ihm unangenehm, wenn ihn jemand direkt anschaut. Zumeist verfiel er dann jedenfalls in die Gewohnheit, die gleiche Gewohnheit vom Vater des Mädchens: Eine interessante Erklärung oder einen Witz als beruhigenden Rahmen jedes entstehenden Bildes an die weiße Wand des Moments zu hämmern. Und dabei noch ein unsinniges Liedchen zu pfeifen, wenn es einem einfällt.

Ob Regina bemerken würde, dass er nicht kommt? Ohne eine SMS von ihm oder mit? Und, wenn ja, wann würde sie es merken? Beim Einchecken in das gewohnte Hotel in Bahnhofsnähe? „Herr Lehnen ist heute noch nicht angekommen. Möchten sie in der Lobby auf einen Kaffee Platz nehmen?" Oder in dem Moment, in dem sie das Zimmer betritt, und seine Lederschuhe nicht in der verspiegelten Garderobenabseite stehen? Würde sie erst unter der Dusche bemerken, dass sich seine Kulturtasche nicht auf der Ablage der Badewanne befindet? Wie lange würde sie unbekleidet auf dem Bett liegen bleiben? Würde sie dabei fernsehen oder einen Riegel aus der Minibar verzehren?

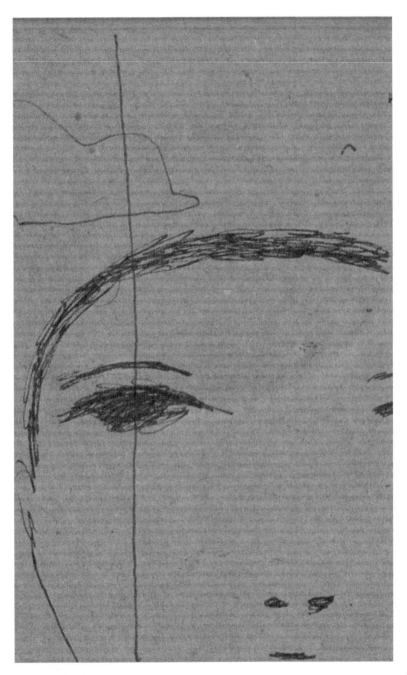

Würde sie so unbeschwert sein, wie bei dem Arbeitsessen, als sie sich zum ersten Mal gesehen hatten, oder so sprachlos, wie er selbst jetzt, der er routiniert am gewohnten Gleis stand ohne Zug? Wenn er etwas noch wusste, dann war es, dass es einmal ihr wohltuendes Lachen gewesen war. Er hasste es, Leute gezwungen lachen hören zu müssen. Vielleicht, weil er das Bemühen um Leichtigkeit selbst zu gut kannte. Vielleicht auch nur so. Nur so.

Er hatte sogar einmal einen Teenager in der Einkaufsmall aus dem Nichts heraus am Kragen gepackt und geschüttelt, ihn angeschrien, er solle sofort mit seiner hässlichen Lache aufhören. Dabei hatte der einfach nur hässlich gelacht. Zum Glück war das in der Schweiz gewesen, und sein Sohn Thorsten hatte nie etwas davon erfahren. Thorsten war jetzt schon 16, und selbst immer so ernst. Ihm gegenüber hatte er sich am meisten geschämt für seine Affären. Aber ohne ging es eben auch nicht.

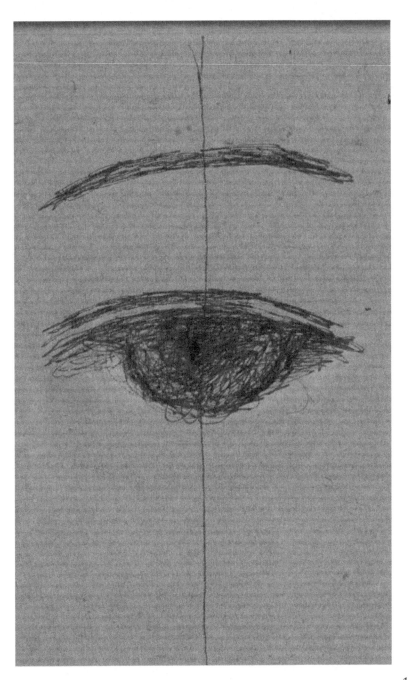

187

Wütend war vor allem Thorstens Mutter, und obwohl es Thorsten egal zu schein schien, geschämt hatte er sich vor allem gegenüber seinem Sohn. Jetzt schaute ihn das kleine Mädchen an, aber er ließ sie. Tat den Brunnen auf. Da unten, wo normalerweise kein Licht hin kommt. Wo er noch merkte, dass es warm war oder dass er fror. Wo es so wundersam ruhig war, mitten auf dem lauten Bahnsteig.

Der Vater des Mädchens telefonierte. Wie um sich seiner selbst zu versichern, strich er ihr dann und wann über den Kopf oder sah aufmunternd zu ihr hinüber.

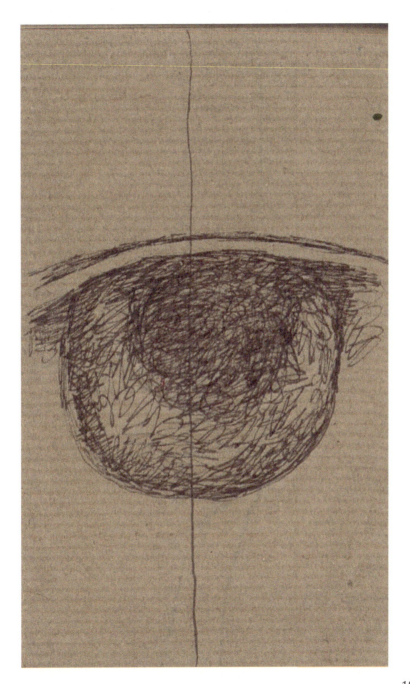

189

Sie hielt den Ballon in ihren Händen, knapp über der Wasseroberfläche.

Luftzüge vorbei eilender Passanten bewegten ihn kurz, aber dann ruhte er wieder in der Luft. Ihr Bild verschwamm vor seinen Augen, während er träumte, dass es auch Tränen gewesen sein könnten. Waren es aber nicht, es sah nur so aus.

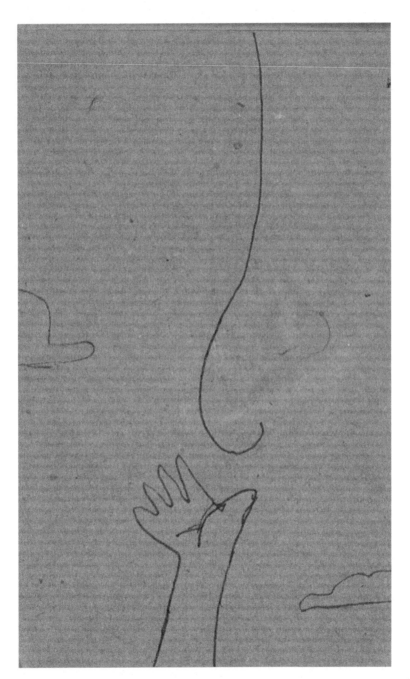

Er hatte keine Kraft mehr, sich zu schämen oder so etwas Unsinniges. Es tat gut, dass er das Mädchen jetzt einfach anlächelte. Einfach so, und er wusste verflucht noch nicht einmal, warum er das tat, oder was er dem Mädchen damit sagen wollte. Das schönste aber war, dass die Sonne aufging und die verflixte eiserne Tür für den Moment und dass er so frei atmen konnte. Heinrich, der Wagen bricht. Und das nur, weil das Mädchen zurück gelächelt hatte.
Einfach so, die Kleine.

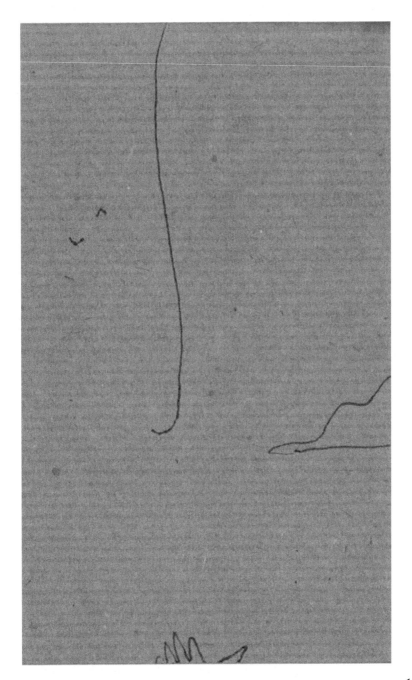

Als er wieder aufschaute, war das Mädchen fort. Er sah sich um, aber er konnte sie nirgends entdecken. Intuitiv schaute er nach oben. Unter den Trägern der Stahlkonstruktion des Bahnhofsdaches stand ruhig der Ballon, als wäre er schon immer dort gewesen. Er konnte ihn wohl nicht mehr zurückhalten, den Satz, den er dem kleinen Mädchen hätte sagen wollen.

Er tippte also eine SMS.

„Ich wünsche Dir ein schönes und langes Leben."

Erst dann nahm er den Blumenstrauß von der Bank und wechselte allmählich das Gleis.

Zu den Autoren

Enno Kalisch ist in Rodenäs, Nordfriesland geboren und aufgewachsen und lebt heute im Rheinland. Sein Beruf ist Schauspieler.

Seit 2010 steht er immer häufiger und für Film und Fernsehen vor der Kamera. Wenn es die Dreharbeiten zulassen, arbeitet er als Sprecher für Hörbuch- und Hörspielproduktionen oder pflegt seine zweite große Leidenschaft, das Improvisieren von Geschichten und Liedern vor Publikum. Jetzt fängt er damit an, seine Geschichten aufzuschreiben.

Am liebsten tut er das in seinem Elternhaus im Norden, das er als Ferienhaus für Gäste und als Schreibort für Autoren zur Verfügung stellt.

Mehrdad Zaeri kam 1970 in Isfahan/Iran zur Welt. Im Alter von 15 Jahren flüchtete er mit seiner Familie nach Europa und fand im Süden Deutschlands eine neue Heimat. 1992 machte er Abitur und beschloss Künstler zu werden. Bis 2006 arbeitete er als ausstellender Zeichner.

Seit 2005 begleitet er verschiedene Bühnenkünstler als öffentlicher Zeichner.

2006 kam der erste Illustrationsauftrag, der für ihn zum Beginn einer neuen Lebensphase als Buchillustrator werden sollte.

Heute lebt er in Mannheim.

Impressum

Zu diesem Titel erscheint eine limitierte Vorzugsausgabe in einer Auflage von 60 Exemplaren mit einer Originalgrafik von Mehrdad Zaeri.
Die Vorzugsausgabe trägt die ISBN 978-3-942941-17-4

Alle Rechte dieser Ausgabe
Copyright © 2016 Verlag Ute Fuchs, Helmstadt-Bargen

Text und seine Gestaltung: Enno Kalisch
Illustrationen: Mehrdad Zaeri
Technische Umsetzung: Hermann Schöler
Druck: Digital Print Group O. Schmiek GmbH, Nürnberg
www.digital-print-group.de

ISBN 978-3-942941-18-1
www.verlag-fuchs.de

Nr.4

Zur Edition Mehrdad Zaeri

Die vorliegende Ausgabe der „*Teelichter*" ist der dritte Band der Edition Mehrdad Zaeri. Bereits erschienen sind „*Heut um Halbzwei*" (Band 1) und „*Das Mondmädchen*" (Band 2).

Demnächst erscheinen wird die Gemeinschaftsproduktion von Mehrdad Zaeri mit Theresa Hahl. Der Band „*Die Raben von Anjun*" beleuchtet den Mikrokosmos einer Straße mit ihren Häusern und Bewohnern, Gerüchen, Geräuschen und Geschichten.

Theresa Hahl ist seit Jahren in der deutschsprachigen *Spoken Word*-Szene aktiv und mit vielen Literaturpreisen ausgezeichnet.

Nähere Informationen zur Edition Mehrdad Zaeri erhalten sie beim Verlag Ute Fuchs (s. http://www.verlag-fuchs.de/edition/) oder bei der Büchergilde Heidelberg.

Ute Fuchs   **Peter Schenk**

Mehrdal
2016
Teelichter
39/60